2018

A ARTE DA
PREPARAÇÃO FÍSICA PARA CONCURSOS

CÉSAR MARRA

2018 © Editora Foco

Autor: César Marra
Editor: Roberta Densa
Diretor Acadêmico: Leonardo Pereira
Revisora Sênior: Georgia Renata Dias
Capa: Leonardo Hermano
Projeto Gráfico e Diagramação: Ladislau Lima
Impressão miolo e capa: Gráfica VIENA GRÁFICA E EDITORA LTDA

Dados Internacionais de Catalogação na Publicação (CIP)

M358a

Marra, César Augusto Calembo

Arte da preparação física para concursos / César Augusto Calembo Marra. - Indaiatuba, SP : Editora Foco, 2018.

120 p. : il. ; 13,5 x 21cm.

ISBN: 978-85-8242-295-3

1. Metodologia de estudo. 2. Concursos Públicos. 3. Educação física. 4. Preparação física. I. Título.

2018-508   CDD 001.4   CDU 001.8

Elaborado por Vagner Rodolfo da Silva - CRB-8/9410
Índice para catálogo sistemático:

1. Metodologia de estudo 001.4   2. Metodologia de estudo 001.8

DIREITOS AUTORAIS: É proibida a reprodução parcial ou total desta publicação, por qualquer forma ou meio, sem a prévia autorização da Editora Foco, com exceção do teor das questões de concursos públicos que, por serem atos oficiais, não são protegidas como Direitos Autorais, na forma do Artigo 8º, IV, da Lei 9.610/1998. Referida vedação se estende às características gráficas da obra e sua editoração. A punição para a violação dos Direitos Autorais é crime previsto no Artigo 184 do Código Penal e as sanções civis às violações dos Direitos Autorais estão previstas nos Artigos 101 a 110 da Lei 9.610/1998.

NOTAS DA EDITORA:

Atualizações do Conteúdo: A presente obra é vendida como está, atualizada até a data do seu fechamento, informação que consta na página II do livro. Havendo a publicação de legislação de suma relevância, a editora, de forma discricionária, se empenhará em disponibilizar atualização futura. Os comentários das questões são de responsabilidade dos autores.

Bônus ou *Capítulo On-line*: Excepcionalmente, algumas obras da editora trazem conteúdo extra no *on-line*, que é parte integrante do livro, cujo acesso será disponibilizado durante a vigência da edição da obra.

Erratas: A Editora se compromete a disponibilizar no site www.editorafoco.com.br, na seção Atualizações, eventuais erratas por razões de erros técnicos ou de conteúdo. Solicitamos, outrossim, que o leitor faça a gentileza de colaborar com a perfeição da obra, comunicando eventual erro encontrado por meio de mensagem para contato@editorafoco.com.br. O acesso será disponibilizado durante a vigência da edição da obra.

Impresso no Brasil (05.2018) • Data de Fechamento (05.2018)

2018

Todos os direitos reservados à
Editora Foco Jurídico Ltda.

Al. Júpiter, 542 – American Park Distrito Industrial
CEP 13347-653 – Indaiatuba – SP

E-mail: contato@editorafoco.com.br
www.editorafoco.com.br

SUMÁRIO

1 – INTRODUÇÃO.. 1

2 – PRINCIPAIS CONCEITOS DOS TESTES FÍSICOS...... 3

3 – CONCEITOS DO TREINAMENTO FÍSICO................ 5

    3.1. A exigência do preparo físico e o desempenho do cargo.................. 5
    3.2. Relação atividade física e saúde........................... 6

4 – O TREINAMENTO FÍSICO PARA CONCURSOS........ 7

    4.1. Generalidades.. 7
    4.2. Os princípios do treinamento desportivo............... 9

5 – ORIENTAÇÕES PARA O TREINAMENTO FÍSICO PARA CONCURSOS.. 19

    5.1. Por que os índices de reprovação nos TAF são altos?........................ 19
    5.2. Qual o tempo necessário para o treinamento?...... 21
    5.3. Cuidado com o edital em relação ao TAF............. 21
    5.4. Existe tênis específico para corrida?..................... 23
    5.5. A importância do emagrecimento....................... 26
    5.6. Algum produto vai te dar "aquele gás" no dia do TAF?........................ 28
    5.7. Dor muscular após o exercício. Causas e o que fazer?......................... 30
        5.7.1. Causas das dores musculares.................. 30
        5.7.2. Então o que seria a dor muscular tardia?... 30

5.7.3. Disseram-me que as dores são devidas a um tal de ácido lático..............................	31
5.7.4. O que fazer para evitar ou reduzir as dores musculares?...	32
5.7.5. E existe suplementação?............................	32
5.7.6. Conclusão..	32
5.8. Dores na canela (canelite).......................................	33
5.8.1. O que é a canelite?...................................	33
5.8.2. Quais são as principais causas?.................	33
5.8.3. Como realizar o tratamento da canelite?...	34
5.8.4. Como prevenir a canelite?........................	34
5.9. Teste físico de natação. Como escolher o equipamento ideal?...	34
5.9.1. Qual o traje mais adequado?....................	35
5.9.2. Óculos, qual a indicação?.........................	35
5.9.3. A touca é importante?..............................	36
5.9.4. Outros equipamentos importantes............	36
5.10. Posso fazer exercício no frio? Quais as recomendações?..	37
5.10.1. Gordura corporal, exercício e estresse induzido pelo frio...	37
5.10.2. O trato respiratório durante o exercício em clima frio..	38
5.10.3. Exercício no frio......................................	38
5.10.4. Uma preocupação para exercícios no frio é a vestimenta...	38
5.10.5. Conclusão...	39
5.11. Posso treinar todos os dias?....................................	39
5.11.1. Os princípios do treinamento...................	40
5.11.2. O excesso de treinamento.......................	40
5.11.3. Qual a quantidade ideal para treinar?.......	41
5.11.4. Conclusão...	42

SUMÁRIO

5.12. Você sabe correr em uma pista de atletismo controlando o ritmo?.. 42

    5.12.1. Cuidado com os desesperados ou os despreparados.. 43

    5.12.2. Para calcular sua velocidade (ritmo para corrida) é preciso seguir os seguintes passos.......... 43

    5.12.3. Calculado o tempo para cada volta, agora é importante correr dentro da velocidade.... 45

    5.12.4. Para finalizar 45

5.13. Exercício físico altera a imunidade....................... 46

    5.13.1. Em curto prazo (agudas)............................. 47

    5.13.2. Em longo prazo.. 47

5.14. Por que as mulheres têm maior dificuldade na realização do teste de flexão na barra fixa?................ 48

    5.14.1. Mas será essa a proporcionalidade correta?.... 48

    5.14.2. Força e hipertrofia musculares 49

    5.14.3. Composição corporal................................... 51

    5.14.4. Hormônios... 52

    5.14.5. Conclusão.. 53

5.15. Devo fazer alongamento antes dos treinos?.......... 54

    5.15.1. Mas como treinar a flexibilidade? 55

    5.15.2. E em relação ao alongamento antes de exercícios físicos? 55

5.16. Dores nos joelhos em mulheres (condromalácia). O que fazer? 55

    5.16.1. O que é condromalácia?............................. 56

    5.16.2. Quais são as causas dessa patologia?........ 56

    5.16.3. O que pode ser feito para melhorar ou minimizar as causas? 58

5.17. Treinamento Funcional serve para o TAF?.............. 58

    5.17.1. Treinamento funcional serve?..................... 59

    5.17.2. Mas por quê? 59

5.17.3. Então o treinamento funcional não é bom? 60
5.17.4. Conclusão.. 60
5.18. Cuidado com a distância na corrida. Ela pode enganar você. 61
5.18.1. O que há de errado?................................... 61
5.18.2. O que fazer?... 62
5.18.3 Conclusão.. 62
5.19. Bolhas e calos nas mãos e o treinamento para barra 62
5.19.1. O que fazer?... 62
5.19.2. Conclusão.. 63
5.20. Dor lateral na barriga durante exercícios. Como evitar, o que fazer?... 64
5.20.1. Quais são as causas?................................... 64
5.20.2. Quem sofre mais com essas dores?............ 65
5.20.3. Como evitar?.. 65
5.20.4. O que fazer, caso eu sinta essas dores durante a corrida?... 66
5.21. O Exercício Físico pode melhorar seu desempenho nos estudos?... 66
5.21.1. Qual a explicação fisiológica? 66
5.21.2. O que dizem os estudos?........................... 67
5.21.3. Conclusão.. 68
5.22. Exercícios, calor e umidade do ar 69
5.22.1. Exercícios no calor e em cidades com clima úmido 69
5.22.2. Exercícios no calor em cidades com clima seco 70
5.22.3. Medidas preventivas 70
5.22.4. Tratamento no caso de distúrbios térmicos 70
5.23. Sono e desempenho no TAF 71
5.23.1. Considerações fisiológicas 71

> 5.23.2. Sono e obesidade 72
>
> 5.23.3. Mas calma aí, não vá querer passar o dia inteiro na cama 72
>
> 5.23.4. Conclusão 73

6 – MÉTODO DE TREINAMENTO APROVATAF 75

> 6.1. Como treinar para a Corrida do TAF (Teste de 12 minutos) 76
>
> 6.1.1. Diferenças do teste de corrida de resistência .. 76
>
> 6.1.2. Como treinar para a corrida? 76
>
> 6.1.3. Variação de estímulos 77
>
> 6.1.4. Exemplo de Treino polarizado 78
>
> 6.1.5. Conclusão 79
>
> 6.2. Treinamento para barra fixa 80
>
> 6.2.1. Dicas do treinamento para flexão na barra 80
>
> 6.3. Carga e sobrecarga 82
>
> 6.4. Teste de flexão abdominal 84
>
> 6.5. Teste de flexão de braços no solo 87
>
> 6.5.1. Variação de cobrança nos editais 87
>
> 6.5.2. Treinamento 89
>
> 6.5.3. Mais uma dica 90
>
> 6.6. Teste de impulsão horizontal 90
>
> 6.6.1. Então o que fazer? 91
>
> 6.6.2. Como treinar para esse teste físico? 92
>
> 6.7. Teste de meio sugado 94
>
> 6.7.1. Aqui vão alguns conselhos 95

7 – MÉTODO DE TREINAMENTO ON-LINE APROVA-TAF 97

> 7.1 Algumas das inúmeras vantagens em treinar on-line com o sistema AprovaTAF 97

8 – DICAS DO ESPECIALISTA.. 99

9 – DICAS PARA O DIA DO TAF 103
    9.1. Leia atentamente o edital do seu concurso............ 103
    9.2. No dia anterior, deixe tudo pronto 104
    9.3 Dicas para o dia do teste.. 104

10 – REFERÊNCIAS.. 107

1
INTRODUÇÃO

Parabéns.

Você se preparou durante anos em frente aos livros, enfrentando horas de cursinhos, abdicando do lazer e da família e enfim conseguiu o êxito nos exames intelectuais. Porém, para muitos concurseiros ainda existe mais uma fase. Os Testes de Aptidão Física (TAF).

Mas não se preocupe, a equipe AprovaTAF está aqui para ajudar você a vencer esse grande desafio dos testes físicos.

Entendemos as dificuldades que se antepõem ao treinamento físico adequado para os testes físicos, que vão desde a falta de tempo por estar totalmente envolvido com a preparação intelectual, cuidados com a família, ou até a falta de áreas, instalações e material apropriados.

O grande diferencial para que você confie no treinamento proposto pela equipe AprovaTAF é a nossa grande experiência em treinamento físico para concursos há mais de 20 anos.

A equipe AprovaTAF tem a coordenação técnica do Doutor César Marra, com vasta experiência técnica, profissional e científica na arte da preparação física.

O Professor Doutor César Marra é Tenente Coronel do Exército Brasileiro, Doutor em Saúde Coletiva pelo Instituto de Medicina Social da UERJ (2011). Possui Mestrado em Educação Física pela Universidade Católica de Brasília (2002) e Especialização em Fisiologia do Exercício pela UCB (2003).

Foi pesquisador do Instituto de Pesquisa da Capacitação Física do Exército onde se envolveu durante anos na avaliação e treinamento para Testes Físicos do Exército Brasileiro. Tem experiência na área de Educação Física, com ênfase em Testes Físicos para Concursos,

Obesidade e Fisiologia do Exercício, atuando principalmente nos seguintes temas: testes físicos para concursos, epidemiologia da obesidade, exercício físico aeróbico, intensidade, avaliação ergoespirométrica e composição corporal.

Mas então vamos ao que interessa.

Um candidato ao cargo público deverá entender que haverá sempre uma relação de conflito entre o treinamento físico realizado de forma obrigatória para a realização dos testes físicos previstos e o prazer da prática de uma atividade física opcional.

Nesse sentido, o principal estímulo positivo, que vai despertar a motivação, minimizando o desconforto natural e estimulando a prática regular do treinamento físico pelo candidato, é o fato de ele obter a aprovação e consequente, nomeação para o cargo público e assim, adquirir uma série de benefícios como a independência financeira e a segurança do emprego público.

Dessa forma, um dos objetivos desse livro é propiciar ao candidato ao cargo público de concursos que preveem testes de aptidão física, uma orientação e fundamentação fisiológica para a preparação adequada dentro dos Princípios do Treinamento Desportivo.

2
PRINCIPAIS CONCEITOS DOS TESTES FÍSICOS

Antes de mais nada é importante para o candidato entender alguns dos principais conceitos que envolvem os testes físicos para concursos, o que vai facilitar o entendimento dos mecanismos da preparação física.

A sigla T.A.F. representa as letras de **Teste de Aptidão Física**. Existem outras formas de denominar esses testes físicos com outros nomes comuns observados em diversos editais, como por exemplo, os mais comuns: EAF – Exame de Aptidão Física; ou TACF – Teste de Avaliação do Condicionamento Físico; ou TSF – Teste de Suficiência Física; PACF – Prova de Avaliação do Condicionamento Físico, entre outras denominações.

Esses testes são normalmente previstos em concursos públicos onde o futuro profissional deverá ser exigido fisicamente para o desempenho de suas funções da corporação, como por exemplo, militares das Forças Armadas: Marinha, Exército, Aeronáutica, militares das Polícias e Corpo de Bombeiros Estaduais, agentes e delegados e outros cargos das Polícias Civis Estaduais, funcionários dos Correios, Agentes da Polícia Federal e Polícia Rodoviária Federal, entre outros diversos concursos públicos.

Esses testes têm caráter eliminatório e infelizmente, observamos que o índice de reprovação nos TAF de diversos concursos no Brasil é altíssimo.

Muitos fatores são considerados para esse alto índice de reprovação nos TAF, mas o principal é o candidato deixar para se preparar apenas após ser notificado da aprovação intelectual.

Outro motivo é achar que o TAF é fácil e não dar a devida atenção ao treinamento físico bem planejado e periodizado.

Entendemos que o tempo entre o resultado dos aprovados e os testes físicos gira em torno de 2 a 4 semanas. Se você deixar para a última hora, provavelmente você terá grandes chances de ser reprovado. Por isso recomendamos que você tenha em mente que uma boa preparação depende de um tempo mínimo de 12 semanas.

Os editais dos concursos têm uma variedade muito grande entre os testes físicos previstos. Você vai encontrar quais são os testes nos editais publicados do seu concurso.

O único teste físico comumente cobrado em todos os editais é o teste de corrida de resistência. É um teste que avalia a condição cardiorrespiratória do candidato. Ele tem duas variações em relação à sua avaliação. A mais comum é o teste de 12 minutos onde o candidato deve percorrer uma distância mínima nesse tempo fixo. A outra é o teste de 2.400 metros onde o candidato deve percorrer essa distância fixa em um tempo mínimo. Os índices mínimos desse teste têm uma grande variação de um concurso para o outro.

3
CONCEITOS DO TREINAMENTO FÍSICO

3.1. A exigência do preparo físico e o desempenho do cargo

Diversos estudos mostram que funcionários públicos de Órgãos da Segurança Pública quando estão bem preparados fisicamente são mais aptos para suportarem o estresse debilitante das missões inerentes ao cargo, como foi verificado em diversos relatos, como os da campanha do Exército da Inglaterra na Guerra das Malvinas e do Exército Americano em Granada.

A atitude tomada diante dos imprevistos e a segurança da própria vida dependem, muitas vezes, das qualidades físicas e morais adquiridas por meio do treinamento físico regular.

Uma ótima aptidão física contribui para o aumento significativo da operacionalidade individual para o cumprimento das missões, e os sujeitos com maior nível de aptidão física têm maior resistência às doenças e ainda, menor tempo de recuperação de lesões do que os com menor condição física.

Além disto, estudos comprovam que o nível de aptidão física aumentado pode melhorar o rendimento intelectual e a concentração nas atividades rotineiras, levando a um maior rendimento no desempenho profissional, mesmo em atividades administrativas.

E ainda, o sujeito mais apto fisicamente demonstra ter melhor comportamento individual, que será fundamental para o cumprimento das missões operacionais coletivas, como a maior resiliência; maior equilíbrio emocional, cooperação; maior autoconfiança; a liderança; o espírito de corpo, a coragem; a decisão, entre outros.

3.2. Relação atividade física e saúde

É fundamental o entendimento que o treinamento físico em si é um instrumento promotor da saúde antes de um instrumento de preparação física para concursos.

Um baixo nível de aptidão física tem como consequência do sedentarismo, além de reduzir a capacidade física do indivíduo, resulta em vários riscos para a saúde do indivíduo, como o aumento das taxas de mortalidade precoce, doenças cardiovasculares, diabetes, hipertensão, obesidade, entre outras.

Os benefícios da prática regular de exercício físico já estão bem documentados, mas as recomendações de quais os tipos de exercício para os benefícios de saúde permanecem ainda incertas, devido em grande parte dos dados científicos conflitantes para estas recomendações.

Dada à necessidade de se reduzir as taxas de sedentarismo, a prescrição dos exercícios deve ser baseada em evidências científicas das relações entre o tipo de exercício e as alterações ocorridas na composição corporal dos sujeitos.

Sendo assim, muitos candidatos relatam que com a exigência de se treinar para os testes físicos de concursos, eles acabaram aderindo a prática da atividade física regular e adquiram o hábito salutar de se exercitarem, mesmo após o período de treinamento para o TAF e assim, continuaram adquirindo inúmeros benefícios para a saúde e nunca mais abandonaram a prática regular de atividade física.

Portanto, antes de escrevermos sobre os aspectos do treinamento físico para o TAF, é importante considerar que os benefícios da prática regular do treinamento físico sobre a saúde são inúmeros e que proporcionam uma melhor qualidade de vida para o praticante.

4
O TREINAMENTO FÍSICO PARA CONCURSOS

4.1. Generalidades

É evidente que o futuro candidato ao cargo de órgãos públicos que envolvam atividades físicas necessitará de uma boa aptidão física para o desempenho das funções inerentes ao cargo, enquanto o foco da saúde descrito no capítulo anterior é condição essencial para o desempenho de qualquer função, inclusive as administrativas.

É importantíssimo para o candidato entender que para obter a aptidão física e alcançar os índices mínimos exigidos dos testes previstos nos editais dos concursos, o treinamento físico não pode ser nem de mais, nem de menos. O treinamento deve ter uma quantidade ideal.

A preparação para o desenvolvimento máximo da capacidade física do candidato deve ter atenção especial, para que entre cada sessão de treino não tenha intervalos muito grandes para que não ocorra a perda dos ganhos, bem como não se tenha intervalos curtos entre as sessões para que não ocorra o chamado *overtraining*, ou seja, o organismo não sofra com o excesso de treinamento e se destrua os efeitos positivos do treinamento obtido.

A base para a prescrição dos planos de treinamento da AprovaTAF é regida pelos Princípios do Treinamento Desportivo, como o Princípio da Especificidade, da Interdependência volume-intensidade, da Sobrecarga, da Adaptação, entre outros, tudo para que o aluno treine de forma específica e periodizada e alcance o objetivo sem firulas.

Dessa forma, planejamos o treinamento em 3 fases:

A fase inicial, chamada de fase de preparação geral, visa promover adaptações fisiológicas necessárias para o corpo suportar os treinamentos posteriores.

A fase seguinte, chamada de fase de preparação específica, visa promover adaptações fisiológicas, objetivando os testes específicos do concurso com aumento das cargas de treinamento especial.

E por último, a fase competitiva. Essa fase visa preparar o candidato para os testes físicos do concurso de forma mais parecida possível com os testes. A expressão competição indica que o aluno vai competir contra ele mesmo para vencer os índices previstos nos testes. O fator competição cria condições emocionais ao aluno necessárias ao que ele vai enfrentar no dia dos testes.

Enfim, a preparação física é um processo tão complexo que o resultado final somente pode ser atingido com a união de diversos fatores cujo entendimento não depende apenas do conhecimento do conteúdo do treinamento, mas principalmente da arte e do conhecimento e experiência do treinador.

O nosso conhecimento técnico adquirido há mais de 20 anos aliado à metodologia científica de treinamento desportivo, nos capacitaram a preparar um plano de treinamento o mais específico para os testes físicos previstos em diversos concursos.

Com toda essa nossa experiência, a equipe AprovaTAF teve o trabalho meticuloso em estudar cada planilha de treinamento para que o aluno obtenha o máximo da capacidade física.

Para que o aluno possa alcançar os resultados do treinamento proposto, é preciso que ele siga algumas atribuições individuais.

Dentre elas é fundamental que o aluno seja responsável pela regularidade do treinamento. Também é necessário que o aluno execute fielmente o previsto nas planilhas de treinamento.

Outra consideração importante é que o aluno faça o controle da carga imposta, seguindo atentamente as observações descritas nas planilhas, como controle da frequência cardíaca, teste da fala, entre outros...

E ainda, após o início dos treinamentos físicos, o aluno venha a sentir qualquer desconforto músculo-articular, cardíaco, como dores no peito, palpitações, angina, dores de cabeça, mal-estar em geral, entre outros distúrbios, ele deve interromper imediatamente o exercício e procurar novamente o médico e relatar o acontecido.

Para isso, nos próximos subcapítulos serão abordados os aspectos relacionados à prescrição do exercício, à periodização do treinamento, os princípios do treinamento desportivo e as adaptações fisiológicas para que o candidato possa adquirir a aptidão física necessária para a aprovação nos testes físicos, como o desempenho adequado inerente ao futuro cargo.

4.2. Os princípios do treinamento desportivo

Antes de mais nada, é importante relatar que todo planejamento do treinamento físico deve ser regido pelos Princípios do Treinamento Desportivo. E esses princípios aliados à periodização alicerçam a eficácia do treinamento. E essa tarefa não é tão simples quanto possa parecer.

Também não basta ter o melhor plano de treinamento possível se não houver disciplina e comprometimento por parte do aluno.

O grande diferencial do treinamento realizado pela equipe AprovaTAF foi basear os treinos de forma mais fiel aos princípios que orientam a arte da preparação física, tais como o princípio da adaptação, da sobrecarga, da continuidade, da interdependência volume-intensidade, e da especificidade, tudo para que você não perca o seu precioso tempo, pois sabemos que você gasta parte dele em frente aos livros.

Dessa forma, os conceitos dos seguintes princípios do Treinamento Desportivo foram fielmente seguidos pela Equipe AprovaTAF.

a. Princípio da Individualidade Biológica

Cada indivíduo é diferente um do outro e respondem diferentemente aos estímulos do treinamento físico. Essa diferença entre indivíduos deve ser respeitada, para que os efeitos fisiológicos adequados sejam alcançados. Esse princípio explica a variabilidade entre elementos da mesma espécie, o que faz que com que não existam pessoas iguais entre si (GOMES,...).

Esse princípio é importante para que o aluno seja observado em suas possibilidades e limitações. Cada indivíduo possui uma estrutura física e psíquica própria. Dessa forma, o treinamento planejado de maneira a mais individual possível proporciona resultados melhores ao se respeitar as características físicas individuais.

b. Princípio da Adaptação

A capacidade de adaptação ou adaptabilidade do organismo dependerá do estímulo dado. O treinamento físico deve ser capaz de promover respostas fisiológicas desejáveis para que ocorra a adaptação e posterior novos estímulos mais fortes ao corpo já adaptado.

Para aqueles que necessitam uma progressão todo dia, ficar sem realizar atividade física por um dia pode ser difícil. Mas, na verdade, o corpo precisa de descanso para a recuperação fisiológica, fazendo com que a melhora da performance ocorra.

Dessa forma, um treinamento físico deverá ter a duração e intensidade extremamente bem planejadas para que gerem os ganhos fisiológicos do aluno. Diante disso, é extremamente importante observar que se os estímulos do treino forem fracos, nenhuma adaptação fisiológica ocorrerá; se os estímulos forem de mediana a alta intensidade, o organismo irá gerar adaptações necessárias; caso ocorram estímulos muito intensos em organismo pouco adaptados, danos fisiológicos ocorrerão.

Dessa forma, é preciso entender que cargas insuficientes não produzirão os efeitos fisiológicos desejáveis. Em contrapartida, cargas exageradas podem causar danos no organismo e levar o candidato a se lesionar ou a atingir um estado de *overtraining*.

Após a aplicação de uma carga de trabalho, o organismo precisa se recuperar, visando restabelecer a homeostase. O aproveitamento do fenômeno da assimilação compensatória ou supercompensação permite a aplicação progressiva do Princípio da Sobrecarga, pode, ainda, ser severamente comprometido por uma incorreta disposição do tempo de aplicação das cargas. O processo de recuperação do corpo demora algum tempo e, se houver estímulos ao músculo enquanto ele está em recuperação, ele estará sendo desgastado, em vez de desenvolvido. É aqui que ocorre a fase de *overtraining*.

Esse excesso de treinamento é erroneamente conceituado. Muitos pensam que quanto mais exercício, melhor será para o corpo. O *overtraining*, isto é, o excesso de treinamento é uma desordem neuroendócrina e reflete o acúmulo de fadiga durante os períodos de alto volume/intensidade do treinamento e com períodos inadequados de recuperação.

Os principais sintomas do *overtraining* são: aumento da frequência cardíaca de repouso; perda de peso; diminuição do apetite; dor muscular por mais de 24 horas, baixa da imunidade; aumento da creatina-kinase, aumento da FC de esforço; diminuição da imunidade, com aumento de resfriado e gripe; queda no desempenho e perda da vontade de treinar. Em mulheres, o principal sintoma que pode ocorrer também é a alteração menstrual, devido à alta demanda da atividade física.

Portanto, um dos principais sintomas de que o indivíduo está se excedendo nos exercícios é a queda no desempenho com sensação de fadiga. Uma sensação de que para atingir determinada performance, por exemplo: correr 5 km em 25 minutos, já não está tão fácil como antigamente é sinal de que o corpo está te avisando que algo está errado. A partir daí, análises laboratoriais deverão ser realizadas para esclarecimento clínico do aluno.

Por isso que é importante dar o descanso para que os níveis de glicogênio muscular sejam restaurados. É necessário restabelecer as taxas de glicogênio muscular que serão utilizados na próxima corrida. Sujeitos adaptados ao treinamento físico têm uma resposta melhor ao dano inflamatório causado pela lesão tecidual. Isso se deve a formação de uma estrutura mais resistente com o treinamento.

A frequência semanal é o fator que juntamente com a duração da sessão irá determinar o volume da carga de treinamento aeróbico. A distribuição ideal deve ser individual, pois depende da capacidade de recuperação do indivíduo. Sugere-se, por exemplo, três dias por semana como a frequência ideal para não atletas. Dois dias seria o mínimo para se conseguir algum efeito fisiológico. Cinco vezes ou mais por semana poderia aumentar o risco de lesões e desencadear o *overtraining*. Corredores de longa distância geralmente costumam dividir a grande distância percorrida na semana, em duas ou três sessões no mesmo dia. Mas, como em qualquer princípio de treinamento, a quantidade ideal para cada pessoa depende de muitos fatores, tais como o nível de condicionamento físico, a idade, as respostas de cada um ao treinamento, a quantidade, a intensidade da atividade física e o tipo de exercício físico.

Para a maioria dos indivíduos que praticam corrida em geral com a do TAF, existem algumas recomendações de intervalos objetivando a obtenção do descanso necessário. Por exemplo:

– Corridas de 30 minutos a uma hora de duração em ritmo confortável/moderado – necessita de 24 horas a 48 horas de recuperação;

– Corrida de mais de uma hora em ritmo confortável/moderado – necessita de 72 horas a 96 horas de recuperação;

– Treinos intervalados de alta intensidade – necessita de 36 horas a 48 horas de recuperação;

– Musculação moderada – necessita de 24 horas a 36 horas de recuperação;

– Musculação intensa – necessita de 48 horas a 72 horas de recuperação.

Existe a Lei das 48 horas, onde se considera o espaço de tempo que deva ser respeitado entre o último treino e o próximo treino de alta intensidade e grande volume. Esse tempo é o intervalo necessário para se processar a restauração plena do glicogênio muscular, após o treinamento realizado com alto volume ou em alta intensidade.

Portanto, uma prescrição de treinamento bem elaborada deve não somente considerar dentro do planejamento o princípio da sobrecarga, mas também a necessidade de recuperação. Ou seja, o corpo precisa de mais estímulos para evoluir à medida que o corpo se adapta ao atual estímulo, mas também precisa de repouso para conseguir superar o treino anterior.

Dessa forma, um sujeito pode perfeitamente fazer exercício todo dia, desde o planejamento da prescrição seja bem realizado a fim de não usar os mesmos grupos musculares em dias consecutivos. Ou até mesmo quando se utiliza os mesmos grupos musculares em dias consecutivos, desde que seja observada o volume/intensidade do treino anterior e o nível de condicionamento do sujeito.

c. Princípio da Sobrecarga

Este princípio, também denominado de princípio da progressão gradual, é fundamental para qualquer processo de evolução da capacidade física do indivíduo em treinamento.

Esse princípio consiste em sobrecarregar o organismo do candidato, de maneira adequada, controlada e progressiva, variando-se alguns parâmetros como a frequência semanal, a intensidade do exercício (carga), o volume (quantidade, duração) do treinamento.

Para que o organismo gere adaptações fisiológicas, é necessário que os estímulos sejam maiores que os anteriores, estando esse organismo já adaptado. No entanto, a aplicação das novas cargas deve ser realizada de forma coerente e tenha uma progressão controlada para que o candidato não sofra o *overtraining* descrito no capítulo anterior.

É importante compreender que deva existir o equilíbrio entre carga aplicada e tempo de recuperação, já citado no capítulo anterior, para que haja o fenômeno da supercompensação de forma permanente, conforme figura abaixo.

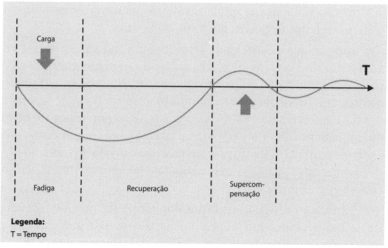

Adaptado de GOMES, Antonio Carlos.
Treinamento Desportivo: Estruturação e Periodização, 2ª edição. ArtMed

Dessa forma, é necessário combinar a graduação das cargas de treinamento visando a maximização da capacidade física do candidato. O aumento progressivo das cargas facilita a adaptação, contribui para a consolidação das reestruturações adaptativas geradas e ajuda a criar adaptações ao novo nível elevado das cargas.

d. Princípio da Continuidade

O destreinamento ocorre quando uma pessoa encerra ou diminui sua participação na atividade física regular. Com o destreinamento, efeitos negativos ocorrem tais como as perdas das adaptações fisiológicas adquiridas com o treinamento. Uma observação desse destreinamento mostra a importância da atividade física regular e as consequências de não se adotar um estilo de vida sedentário. Estudos mostram que, com o destreinamento, muitos dos ganhos adquiridos com o treino são perdidos ou parcialmente dentro de alguns dias (apenas uma a duas semanas), ou totalmente (em alguns meses).

Para que os efeitos do treinamento físico sejam alcançados, deve-se ter regularidade. Ou seja, não pode haver uma interrupção por mais de uma semana, pois, após esse período, há perda de condicionamento físico.

Os componentes da aptidão cardiorrespiratória são os que mais sofrem os efeitos negativos do destreinamento.

Sabe-se que a capacidade aeróbica em geral aumenta de 15% a 20% durante os primeiros três meses de treinamento intenso e pode melhorar em 50% durante um intervalo de dois anos. Porém, quando o treinamento é interrompido, essa capacidade aeróbica diminui rapidamente e pode retornar aos níveis anteriores ao início do treinamento. Para as pessoas que fazem treino Cardio, como por exemplo, corrida, natação e bicicleta, a interrupção do treinamento de apenas duas semanas reduz substancialmente o desempenho (Booth et al.; Spina et al.).

Em um estudo conduzido por Winbom et al., após uma semana de destreinamento (interrupção) observou-se uma perda de cerca de 50% do que foi ganho em cinco semanas de treinamento. E foram necessárias cerca de três a quatro semanas de retreinamento para que os níveis anteriores à interrupção fossem atingidos novamente.

Outro estudo interessante, realizado por Saltin, onde foram confinados cinco indivíduos ao leito por 20 dias consecutivos. Os resultados mostraram uma redução de 25% no consumo máximo de oxigênio. Essa queda também acompanhou uma diminuição no volume sistólico e no débito cardíaco, o que correspondeu a uma redução para cada dia parado de aproximadamente 1% na potência aeróbica máxima. Além disso, o número de capilares no músculo treinado diminuiu entre 14% e 25% dentro de três semanas imediatamente após o treinamento.

Ou seja, o famoso ditado (use-o ou perca-o) é extremamente verdadeiro, pois o destreinamento faz a capacidade física do indivíduo cair a níveis menores, logo após a interrupção.

e. Princípio da Interdependência volume-intensidade

Esse princípio destaca-se importância na medida em que o treinamento físico precisa ser adequado em quantidade (volume) e qualidade (intensidade) tanto para que o aluno não sofra o excesso de treinamento, como para que o aluno responda e se adapte aos estímulos.

Os aspectos quantitativos (volume) podem ser mensurados e estimados por meio do controle das variáveis como a duração, distância percorrida, número de estímulos por sessão de treinamento, número de séries e horas de treinamento e frequência do treinamento diária ou semanal.

Já os aspectos qualitativos do treinamento podem ser estimados por meio da intensidade de um estímulo isolado (percentual do desempenho máximo), da carga (quilagem), da velocidade de execução e da variação do intervalo de recuperação entre os estímulos.

Mas, para aplicar esse princípio de treinamento, é extremamente necessário a aplicação adequada das cargas de treinamento em micro, meso e macro ciclos de treinamento. Esse princípio tem uma grande relação com o princípio da sobrecarga, pois o aumento do volume e das cargas com a interdependência entre si de trabalho é um dos fatores que melhora o condicionamento físico do candidato.

f. Princípio da Especificidade

Este é um importantíssimo princípio do treinamento, pois de nada adiantará a aplicação dos outros princípios se este não for adequadamente aplicado. Esse princípio nada mais é do que "treine o que deva ser treinado"! Ou seja, é a necessidade de aplicação de estímulos similares aos que serão utilizados nos testes físicos previstos nos editais. O treinamento físico deve visar trabalhar as qualidades e valências físicas necessárias para que o aluno desenvolva a aptidão necessária para a aprovação nos testes.

A especificidade do movimento cobrado nos testes está associada aos gestos específicos. E a realização de atividades diferentes das que serão cobradas nos testes físicos perdem o foco da preparação física, e não se justifica a não ser se for feita para evitar a inibição reativa (ou saturação de aprendizagem), que no caso de um concurseiro esta justificativa está descartada, pois o objetivo é a aprovação.

g. Princípio da Variabilidade

O Princípio da Variabilidade ou o Princípio da Generalidade encontra-se fundamentado na ideia de que o treinamento físico seja completo, ou seja, tenha o desenvolvimento global do aluno. Esse objetivo se consegue ao incluir no plano de treino as mais variadas formas de treinamento. Ou seja, variação de estímulos. O corpo para melhorar a aptidão física precisa receber estímulos variados dentro de objetivos específicos e conceitos de segurança.

Além disso, a diversificação nas formas e modalidades do treinamento físico é muito importante para que se obtenha a motivação e o empenho dos candidatos durante a preparação física para o TAF.

Diferentes métodos de treinamento devem ser empregados para treinamento de qualidades físicas exigidas nos testes físicos. No entanto, não se deve variar as formas de trabalho principal sem levar em consideração os princípios da continuidade e da sobrecarga, para que as qualidades físicas sejam corretamente desenvolvidas.

Isso implica que, por exemplo, um método de treinamento cardiopulmonar, como a corrida contínua, não pode ser substituído por um método de treinamento funcional ou outros métodos que substituam treinos específicos. Ou seja, o princípio da variabilidade para o treinamento da corrida pode ser exemplificado com a variação de treinos longos, treinos intervalados e treinos curtos de alta intensidade. Mas nunca substituir a corrida por saltos, cambalhotas, ou piruetas.

Portanto, variar os treinos é muito importante. Mas isso não significa treinar de forma não específica, ou seja, fazer treinos cheios de firulas e invencionices, que além de não desenvolver nenhuma aptidão física, poderá levar o candidato a alguma lesão.

Ainda mais, o princípio da variabilidade diminui a possibilidade do candidato adquirir vícios errôneos de treinos repetitivos, onde o surgimento de diferentes técnicas de treinamento, inclusive de novos gestos específicos, que sob um determinado ponto de visão, sob treinamentos repetitivos não seria possível o desenvolvimento global das aptidões físicas necessárias para os testes físicos.

h. A relação entre todos os princípios

A ideia de que o todo é sempre maior do que a soma de suas partes cabe também ao treinamento físico. Parece lógico que cada princípio do treinamento desportivo não existe apenas por existir. Cada princípio, considerado individualmente, possui seu valor e função próprios, entretanto, a integração e relação entre eles adquire inestimável importância.

Não adianta aplicar apenas um princípio sem considerar os outros. Por exemplo, é como se aplicasse bem o princípio da interdependência Volume-Intensidade em uma semana e não se aplicar o princípio da continuidade (regularidade). Ou seja, não basta ter uma ótima semana de treinamento, bem planejada, bem periodizada, se o candidato não manter o treinamento ao longo de várias semanas. Todo o ganho de uma semana de treinamento se perderá ao longo das semanas em que o candidato ficou parado.

Assim cada princípio assume uma importância maior, um papel mais destacado quando associado aos outros princípios.

A aplicação de todos os princípios acima descritos irá proporcionar ao candidato a periodização do treinamento físico, para que a curva da melhora da aptidão física necessária para a realização dos testes seja ascendente. Isto é, todo o processo de treinamento físico precisa estar bem planejado em micro, meso e macrociclos de trabalho.

Somente com a experiência ao longo dos anos com treinamento físico para concurso e com o conhecimento adquirido através de especializações é que o treinador observará que a importância de se aplicar todos os princípios e assim realizar um treinamento ideal e eficaz.

5
ORIENTAÇÕES PARA O TREINAMENTO FÍSICO PARA CONCURSOS

5.1. Por que os índices de reprovação nos TAF são altos?

Um fato ocorrido no último concurso da PCDF chama bastante atenção: 40% dos candidatos foram reprovados nos Testes Físicos. E pasmem, cerca de 85% das mulheres foram reprovadas somente no teste de flexão na barra.

A primeira coisa que o público em geral de concursos da carreira policial (que envolvem testes físicos) costumeiramente dizem que o TAF é moleza. Como já estamos cansados de ouvir: "Pô, treinamento físico é mel na chupeta. Vou falar com um amigo aqui ou vou ver na internet algumas dicazinhas de treino."

Dessa forma, a primeira coisa é saber que o TAF não é moleza e ele cobra caro aos que o menosprezaram. Se o candidato não se preparar corretamente tanto física como mentalmente, ele terá grandes chances de ser reprovado.

Mas o que vem a ser treinar corretamente? Para que o aluno desenvolva a sua aptidão física, necessário, primeiramente, que alguns aspectos dessa preparação sejam analisados criteriosamente.

A primeira coisa é verificar quais são os testes físicos que serão cobrados. Isso é de suma importância para que o treinamento seja baseado nos testes previstos para que o aluno não se perca e fuja do foco. Isso tudo se chama Especificidade, ou seja, o aluno deve treinar o que precisa ser treinado. Mas o que acontece muitas vezes é o aluno treinar valências físicas desnecessárias e não focar no mais importante (o desenvolvimento da aptidão para alcançar os índices dos testes físicos). A quantidade de candidatos se preparando para os testes físicos dando cambalhotas e piruetas nos parques é impressionante.

É comum ouvirmos após a publicação da chamada para o TAF: "agora vou dar o gás. Vou treinar cinco horas por dia!!!" ou "agora vou arrebentar, vou me acabar nos treinos!!!"

E realmente isso acontece. Isso é um erro grave. Não basta treinar de forma específica, como foi dito no item 1 acima e sair treinando de qualquer jeito, toda hora e todos os dias. É preciso ter um treino periodizado. Mas o que vem a ser esse tal de treino periodizado? O aluno precisa que o seu treino siga os princípios do treinamento desportivo.

Dessa forma, o treino precisa ter os estímulos necessários, com sobrecargas dentro de micro, meso e macrociclos. Além disso, ele precisa entender que os ganhos fisiológicos acontecem no descanso. O mais no treinamento pode ser o menos. Ou seja, o plano de treinamento deve proporcionar um treino onde o aluno treine adequadamente, dentro da quantidade ideal, nem mais, nem menos.

Outro aspecto importante é deixar para treinar somente em cima da hora. Vários concursos não costumam colocar as datas certas dos testes físicos. É comum ser observado nos editais apenas a divulgação das fases do concurso, sem nenhuma data específica.

E então, quando a organizadora do concurso divulga a relação da chamada para o TAF, muitos alunos são pegos de surpresa. Já vimos banca de concursos publicar a relação de chamada para o TAF, convocando os candidatos em apenas duas semanas!!! Duas semanas dá para se preparar? Lógico que não. Consideramos que um treino ideal dura no mínimo três meses.

E outro aspecto que prejudica bastante do candidato é o excesso de gordura corporal. Em qualquer teste físico, por exemplo, corrida de 12 minutos, corrida de 100 metros, abdominal, flexão no solo, teste de agilidade, flexão na barra, entre outros..., esse excesso de peso é prejudicial ao desempenho do candidato.

Dessa forma, entendemos que o emagrecimento sustentável (redução da gordura corporal) vai facilitar a melhora do condicionamento físico para a realização dos testes físicos. O candidato aos testes físicos que está acima do peso deve ter uma preocupação maior e ter em mente que o processo de emagrecimento é tão importante quanto à obtenção dos índices do TAF.

5.2. Qual o tempo necessário para o treinamento?

Recebemos diariamente vários contatos de indivíduos que necessitam se preparar para esses testes. E sempre vem a primeira pergunta, quanto tempo é ser necessário de treinamento para os testes físicos de concursos?

Depende de diversas variáveis para a periodização desse treinamento físico.

A primeira e mais importante é a condição física e a composição corporal do candidato. Se for um sujeito ativo e magro e aparentemente saudável, podemos dizer que de três a quatro meses ou até menos, se consegue alcançar os índices.

No entanto, se o sujeito tiver alto índice de percentual de gordura e for sedentário, o tempo de preparação necessitará ser maior. Qual o tempo? No mínimo seis meses.

Mas não se engane quem já é bem preparado fisicamente. Já vimos casos de atletas de triatlo, com ótima condição cardiorrespiratória, que não conseguia realizar nenhuma flexão na barra.

Por quê? Porque as valências físicas dos testes exigem preparação específica.

O que não pode acontecer (mas é o que vem acontecendo), é o candidato começar a treinar faltando apenas algumas semanas ou dias para o teste físico à espera de um milagre.

Portanto, procure começar a treinar com os tempos mínimos citados acima.

Outra variável importante é em relação aos índices cobrados nos testes físicos dos concursos. Sabemos que os testes se diferenciam bastante. Para provas que exigem grande aprimoramento técnico, como salto em altura e salto em distância, basta o professor ensinar corretamente a técnica empregada, bem como as dicas de marcação de ponto de saída, contato da perna de impulsão, entre outros fatores.

5.3. Cuidado com o edital em relação ao TAF

Recebemos muitas perguntas e questionamentos sobre como o exercício deve ser executado.

A Equipe AprovaTAF sempre fala que o TAF já tem gabarito. É única fase do concurso que você já sabe quais são as respostas. Já sabe o que tem fazer para tirar 10.

Mas não sabemos o porquê, mas tem muito candidato inteligente que negligencia ou não sabe ler as exigências das execuções dos exercícios dos testes físicos.

Você treina de acordo com o edital do seu concurso? Parece lógico, mas a leitura atenta ao edital é muito importante. Para começar o planejamento do treinamento é primordial saber como cada teste vai exigido.

Por exemplo, em relação aos abdominais, pode-se ser observada uma variação muito grande entre os editais.

Para se ter uma ideia dessa enorme variabilidade de exigência, uns mandam o executante executar a flexão abdominal com as mãos entrelaçadas atrás da cabeça. Outros mandam colocar as mãos cruzadas a frente do corpo. Outros mandam fazer com os braços esticados acima da cabeça.

Outra variação é em relação ao posicionamento dos braços quando o tronco estiver em cima. Uns editais pedem para que os cotovelos toquem as coxas; outros mandam levantar o tronco até 45° graus em relação ao solo; outros mandam passar a linha dos cotovelos da linha dos joelhos (abdominal remador).

Também é importantíssima a atenção em relação ao tempo de execução. Alguns editais estipulam o tempo de um minuto; enquanto outros deixam o tempo livre. Essa limitação do tempo é fundamental pois o treinamento vai ser diferente.

Quando se estipula o tempo de um minuto, a musculatura vai precisar ter explosão e então, o treino vai precisar ter exercícios que desenvolvam a força explosiva. No caso de não haver tempo limite, o treinamento vai precisar ter exercícios de resistência muscular localizada.

Em relação à barra, os editais também especificam detalhadamente como deve ser executada a flexão na barra. Um aspecto importante é o momento de iniciar o movimento.

Todos os editais mandam o candidato se pendurar primeiramente, e, para então, somente após a ordem do avaliador, começar a flexão na barra. Aí o pessoal nos pergunta: professor, sabe se eu posso iniciar o movimento logo após me pendurar?!!!

Nós respondemos: você leu o edital?!!! Lá está bem definido como é a execução completa.

Enfim, todos os exercícios especificam bem as execuções de casa teste. Caso não haja alguma especificação, você pode realizar a execução da sua forma.

Portanto, recomendamos a leitura de forma minuciosa para que você planeje seu treinamento o mais específico possível, seguindo as exigências dos testes.

Assim como você se preparou estudando cada item do edital para as provas intelectuais, recomendamos dar a devida atenção também ao estudo dos testes físicos.

5.4. Existe tênis específico para corrida?

O teste de corrida de 12 minutos é o teste que está presente em todos os concursos que exijam os testes físicos de concursos públicos.

E quase todo corredor utiliza um tênis específico para sua pisada (pronada, supinada e neutra) ou usou uma órtese indicada para o seu desvio a fim de amenizar os riscos de se machucar.

E como o candidato precisa treinar para a corrida desse teste, ele acaba obtendo bastante informações sobre o melhor tipo de calçado que ele deva utilizar. E isso acaba confundindo a sua cabeça.

Como qualquer outra atividade, a corrida requer cuidados para se evitar as famigeradas lesões. Ciente disso, a indústria de calçados está constantemente em busca de novas tecnologias que possam ajudar o corredor a preveni-las.

Será que existe um tênis específico para a sua pisada? Com o tempo, isso se tornou uma verdade incontestável e até nos dias atuais é muito comum o famoso teste da pisada em lojas especializadas em tênis de corrida, a fim de identificar o tipo e indicar o modelo apropriado.

Porém, a ciência do treinamento já testou essa teoria e não endossa essa prática como algo eficiente para minimizar os riscos.

Um estudo conduzido por de Nigg (2000) analisou as forças de impacto no pé do corredor pronado e sua relação com lesões. O mesmo analisou todos os estudos publicados nos últimos 25 anos sobre o assunto até o ano 2000.

Conclusão do autor: "A prova teórica, experimental e epidemiológica sobre as forças de impacto, mostrou que não se pode concluir que as mesmas são fatores importantes para o desenvolvimento de lesões relacionadas com o treinamento de forma crônicas ou aguda".

As forças de impacto causadas pela corrida são compensadas em indivíduos com desvios de postura na pisada por contrações musculares que compensam a supinação ou pronação.

Esses ajustes musculares acontecem um pouco antes do contato dos pés com o solo, reduzindo a vibração dos tecidos moles e a carga nos tendões.

Evidências experimentais sugerem que fazer ajustes na postura com o auxílio de tênis apropriados ou órteses reduz o trabalho muscular, o que afeta a capacidade de desempenho, conforto e pode induzir uma fadiga antecipada.

Existe correlação entre o tipo de pisada, tipo de tênis e dores no joelho?

Boldt et al. em 2013 realizaram um estudo onde observaram os efeitos do tipo de tênis com angulação medial na mecânica de corrida em mulheres com e sem dor patelofemoral (a Síndrome da Dor Anterior no Joelho geralmente associada à condropatia patelar ou condromalácia). E testaram também se esses efeitos dependiam do ângulo de eversão do calcâneo na pisada.

Os resultados mostraram que o uso desses tênis com angulação de pisada não tiveram efeitos significantes na biomecânica do joelho e quadril durante a corrida. Também não tiveram diferença entre pessoas que apresentavam ou não sintomas de dor no joelho, nem relação com a posição do calcâneo no momento da pisada.

Outros estudos sobre a pisada e o uso de tênis.

Em 2008, Richards et al. observaram que não houve evidência científica que desse suporte à prescrição de tipos de tênis específicos para diferentes tipos de pisada. O sistema musculoesquelético é extremamente complexo. Pequenas variações de angulação de qualquer articulação dos membros inferiores certamente terão reflexo no desempenho do corredor. No entanto, tais variações são determinadas principalmente pela genética da pessoa, não tanto pelo tipo de tênis.

Em 2014, Saragiotto et al. encontraram como principal fator de risco para lesões em corredores em geral, a ocorrência de uma **lesão anterior nos últimos 12 meses**.

Outro trabalho superinteressante devido ao número de participantes e tempo de estudo foi publicado por Nielsen (2013), que analisou um total de 927 pessoas, totalizando 1.854 pés.

Ele dividiu os participantes da pesquisa em grupos distintos:

Corredores pronados (n=122); muito pronados (n=18); supinados (n= 369); muito supinados (n= 53); e neutros (n=1.292).

Independente da pisada, todos utilizaram tênis simples, sem nenhum tipo de tecnologia de controle de instabilidade (supinação, pronação). Ao todo foram percorridos um total de 326.803 km.

Resultados do estudo. Ao final do estudo, 252 corredores apresentaram algum tipo de lesão que o afastou da corrida por pelo menos uma semana. O curioso é que percentualmente o número de corredores lesionados de **pés neutros** foi maior que o número de corredores de pés pronados.

Portanto, **usar tênis específicos para cada pisada no intuito de evitar lesões é um mito.**

Os fatores que levam os corredores a se machucar estão relacionados principalmente a fatores internos (como a existência de alguma lesão anterior nos últimos 12 meses ou um quadro de algum problema articular, como condromalácia patelar); e a fatores externos (planilha mal montadas, excesso de volume/intensidade; técnica de execução da marcha e não fortalecimento).

O que podemos concluir é que, independente do tipo de pisada de cada pessoa, o uso desses calçados não influenciaram positiva ou negativamente em dores no joelho e na prevenção de lesões.

Com isso, cai o mito de que usar tênis com tipo de pisada "errada" pode causar dores no joelho ou então que usar determinado tipo de tênis esteja indicado em quem tem dores no joelho.

Portanto, o melhor indicador na escolha do tênis é o fator conforto. Ao comprar um tênis, pense nesse importante aspecto.

Além disso, invista em profissionais que montem a sua planilha de treinos e estabeleça os estímulos e o descanso adequado, além de exercícios de fortalecimento.

5.5. A importância do emagrecimento

O candidato aos testes físicos que está acima do peso deve ter uma preocupação maior e ter em mente que o processo de emagrecimento é tão importante quanto à obtenção dos índices do TAF.

Uma das principais razões do candidato não alcançar os índices nos Testes Físicos é o EXCESSO DE PESO. Em qualquer teste físico, por exemplo, corrida de 12 minutos, corrida de 100 metros, abdominal, flexão no solo, teste de agilidade, flexão na barra, entre outros..., esse excesso de peso é prejudicial ao desempenho do candidato.

Dessa forma, entendemos que o emagrecimento sustentável (redução da gordura corporal) vai facilitar a melhora do condicionamento físico para a realização dos testes físicos, além de proporcionar uma maior qualidade de vida e saúde para o candidato.

Listamos abaixo 12 passos que você deve seguir para um emagrecimento eficiente e sustentável.

1) Não fazer exercícios demasiadamente longos. Muitas das vezes, treinos de longa duração acabam desmotivando o aluno, hoje que não tem muito tempo disponível. Existem diversas formas de treinos curtos e mais eficientes para a redução da gordura como os previstos em nossos planos para os TAF.

2) Incluir exercícios com peso no treino. A preservação da massa muscular é importantíssima para ajudar a manter o metabolismo elevado. Nossos planos também já contemplam exercícios com peso.

3) Não fazer dietas milagrosas. Dietas de baixíssimas calorias fazem você perder massa muscular. O segredo é se alimentar corretamente através de uma reeducação alimentar.

4) Não querer os resultados rapidamente. O que você acumulou de gordura demorou muito tempo e agora a perda deve ser com paciência.

5) Ter regularidade em fazer o treinamento. Estudos mostram que a maioria das pessoas ganha o peso novamente após a interrupção dos treinos.

6) Ter uma motivação diária. Sabe-se que pessoas motivadas permanecem mais aderidas ao programa.

7) Não se entupir de medicamentos, termogênicos que prometem resultados milagrosos em poucos dias. Esses famosos "Fat Burners" são, na verdade, "Money Burners". Gasto de dinheiro à toa.

8) Não dar mais prioridade a alimentação do que ao exercício. Está mais do que provado que ambos caminham lado a lado no processo de emagrecimento.

9) Não focar apenas na balança. A redução do peso corporal não mostra a realidade. Deve ser feito um acompanhamento da composição corporal para verificação do percentual de gordura e massa muscular.

10) Fazer um exame de sangue para verificar as taxas hormonais. Às vezes, você não consegue emagrecer por algum problema hormonal, como por exemplo, hipotireoidismo.

11) Adotar um estilo de vida ativo. Suba mais as escadas, evite elevador e escada rolante, passeie com seu animal de estimação, movimente-se, gaste calorias.

12) Não enfiar o pé na jaca nos finais de semana alegando que por já fazer exercícios, tudo está liberado.

Nossos planos para os diversos testes físicos irão aliar o treinamento totalmente preparado para a melhora da capacidade física do aluno, bem como o emagrecimento sustentável, tudo para que você consiga o melhor desempenho no TAF.

5.6. Algum produto vai te dar "aquele gás" no dia do TAF?

Após recebermos várias mensagens pelo e-mail de nossos alunos nos perguntando o que eles poderiam comprar para dar "aquele gás" no dia da prova do TAF ou no treinamento, ficamos preocupados.

A falsa promessa de efeitos desses produtos de conter supostamente substâncias estimulantes e vasodilatadoras acabam enganando a população, principalmente os candidatos que estão desesperados à procura de algo milagroso para o treinamento e para o dia do TAF.

Mídia, Marketing ou Lucro?

A primeira consideração é que hoje vimos muitas pessoas na mídia atribuírem a melhora do desempenho físico aos efeitos de comprimidos ou bebidas. No entanto, a melhora no desempenho de uma corrida com certeza é atribuída ao exercícios físicos feitos bem planejados e de maneira regular e à uma alimentação balanceada e não pelo uso de qualquer substância. Como o *marketing* é cruel, todos que ouvem isso na mídia ou em propagandas querem comprar esse comprimido milagroso.

Cuidado. Diversos componentes químicos são encontrados nesses produtos, como anfetaminas e efedrinas, proibidas no Brasil. Nenhum estudo científico investigando os efeitos dessas substâncias comprovou algum benefício. No entanto, os principais estudos mostram alguns efeitos colaterais agudos como, por exemplo, náuseas, vômitos, diarreia, aumento da frequência cardíaca (taquicardia), elevação da pressão arterial, insônia, dor de cabeça, irritabilidade, agressividade, vertigem, síncope e euforia.

Além de efeitos crônicos que podem trazer riscos graves à saúde, como, AVCs, perda do sono, alteração do humor, ansiedade e problemas renais e hepáticos.

Para exemplificar, em um estudo de Seifert e colaboradores, os autores concluíram que as bebidas energéticas não têm nenhum benefício terapêutico, e os ingredientes dessas bebidas são pouco estudados e não regulamentadas. As farmacologias dos componentes químicos destas bebidas são ainda desconhecidas, e há relatos de toxicidade, apresentando efeitos colaterais graves.

Em um outro estudo realizado por Seifert e Connor, mostrou que a ingestão de uma bebida combinada com cafeína, proteína e carboidrato melhorou a performance em um teste de potência em ciclistas após duas horas de exercício em comparação com quem foi suplementado por bebidas energéticas e placebo. Os autores ainda concluíram que a suplementação de cafeína, proteína e carboidrato não só resultou em um efeito positivo periférico, ou seja, lá no músculo, mas também um efeito central, ou seja, no ativação cerebral e condução dos estímulos. E os resultados mostram que a combinação encontrada em bebidas energéticas tais como cafeína, taurina e niacina levou a uma possível inibição da performance e que não melhorou a potência ou tempo de resposta melhor em quem ingeriu a substância placebo.

Ou seja, café, carboidrato e proteína podem ser facilmente encontrados em uma alimentação normal de um brasileiro.

Portanto, confiar nessas substâncias não é o caminho correto, pois além de não serem milagrosas e não propiciarem efeitos na melhora da aptidão física, podem trazer riscos graves para o candidato.

Então, o que fazer em relação à suplementos para o TAF? Dessa forma, a alimentação normal e balanceada parece ser a única e boa opção para um candidato tanto em preparação como na semana do TAF.

Esqueça as propagandas enganosas e procure um profissional de Nutrição para adequar e ajustar sua alimentação, principalmente pelo fato de você estar se envolvendo em grandes quantidades de exercício e necessitar ter uma excelente reposição de energia, nutrientes, sais, minerais, vitaminas.

E como dissemos em outros artigos: NÃO INVENTE na semana do TAF. É comum muitos candidatos ouvirem dicas de "amigos" indicando algum produto "especial" que irá fazer você voar nos testes.

Cuidado: essa semana do TAF é decisiva, se for errar aqui, já era.

Portanto, repetimos: não há nada que irá fazer melhorar o seu condicionamento físico que não seja o exercício físico bem planejado e a alimentação correta.

5.7. Dor muscular após o exercício. Causas e o que fazer?

Muitos candidatos relatam dores musculares nas regiões exercitadas após os treinos.

Para alguns, há uma enorme satisfação quando sentem essa dorzinha após o treinamento físico onde existe a sensação de que tudo valeu a pena e que o treinamento está no caminho certo, pensando que o corpo sentiu o trabalho, e a célebre frase: "no pain no gain" parece estar evidenciada.

5.7.1. Causas das dores musculares

Uma das dores é aquela que aparece logo após a realização do treino e dura algumas horas. No entanto, a principal queixa dos candidatos é uma dor muito maior e que dura entre 24 e 72 horas após o treino, chamada de Dor Muscular de Início Tardio (DMIT).

Vamos nos ater, então, à DMIT.

A causa precisa da dor muscular após os treinos continua sendo desconhecida, porém o grau de desconforto, de distúrbio muscular e de perda de força depende, em grande parte, da intensidade e da duração do esforço, assim como do tipo de exercício realizado.

Ou seja, os dois principais fatores que produzem as dores musculares (DMIT) são os seguintes:

1) realização de exercícios para o qual o indivíduo não estava preparado. Ou seja, o candidato (a) não realizou o período de adaptação.

2) realização de exercícios muito intensos, mesmo com o candidato adaptado.

5.7.2. Então o que seria a dor muscular tardia?

A DMIT é o processo inflamatório e de modificações estruturais no músculo, desencadeadas por microlesões no tecido muscular geradas pelo estresse mecânico das contrações musculares, principalmente as contrações excêntricas, aquelas onde o peso (carga) está a favor da gravidade. Após esse "estresse", o músculo passa por um processo regenerativo, e por isso, muito se associa a dor tardia a reparação muscular.

E essa Dor Muscular de Início Tardio (DMIT) tem explicações fisiológicas tais como:

– Microlesões com liberação concomitante componentes da célula muscular como a creatinaquinase, que são ambos marcadores comuns de lesão muscular;

– Modificações da pressão osmótica que causam retenção de líquidos nos tecidos circundantes à célula muscular;

– Inflamação aguda induzindo também uma maior mobilização de leucócitos e neutrófilos causando dores locais;

– Alteração no mecanismo celular para a regulação do cálcio. A sobrecarga intracelular de Cálcio contribui para o processo autolítico dentro das fibras musculares lesionadas e que degrada as estruturas com e sem potencial contrátil.

5.7.3. Disseram-me que as dores são devidas a um tal de ácido lático

A princípio, não tem absolutamente nada a ver com acúmulo de ácido lático no músculo, pois esse metabólito é produto do metabolismo anaeróbio, e em algumas horas, é removido para o sangue e depois metabolizado.

O ácido lático é responsável pela sensação de "queimação" aguda, ou seja, aquela dor que ocorre durante o exercício e também pelo desconforto e fadiga nas atividades mais intensas, e que sobrecarregam o metabolismo anaeróbio, sistema onde o oxigênio não é a via predominante, caracterizada por atividades de alta intensidade e curta duração.

A dor não se relaciona com o acúmulo de lactato, pois a corrida de alta intensidade em um plano horizontal (contrações concêntricas) não produzia nenhuma dor residual, apesar de elevações significativas no lactato sanguíneo. Em contrapartida, a corrida num plano em declive (contrações excêntricas) acarretava um grau moderado a intenso de DMIT sem elevação do lactato durante o exercício.

5.7.4. O que fazer para evitar ou reduzir as dores musculares?

Na verdade, é extremamente importante a progressão nos exercícios afim de que as dores musculares não chegassem aos níveis insuportáveis.

Um bom condicionamento físico adquirido com progressão provavelmente fará o candidato(a) suportar exercícios mais intensos e sem dores musculares após os treinos.

Portanto, é extremamente recomendado iniciar um programa de treinamento com um exercício leve, a fim de conseguir uma proteção contra a dor muscular que acompanha quase sempre uma sessão inicial de exercício intenso incluindo um componente excêntrico.

5.7.5. E existe suplementação?

A suplementação com vitamina E, e talvez com vitamina C e selênio, protege contra a ruptura da membrana celular e a perda de enzimas após o dano muscular induzido pelo exercício de resistência.

A suplementação de proteínas após o treino também pode proteger contra a dor muscular nos indivíduos profundamente estressados pelo exercício.

Com 48 horas após a DMIT induzida pelo exercício, o leite e a suplementação com proteínas-carboidratos baseadas no leite atenuavam as reduções do desempenho muscular.

5.7.6. Conclusão

Não adianta querer treinar muito sem a fase de adaptação. O corpo vai reagir e a musculatura vai apresentar dores fortíssimas após os treinos. Por isso a extrema necessidade de iniciar com antecedência a preparação física para os testes físicos do seu concurso.

Tenha a consciência de treinar em alta intensidade apenas a fase de adaptação inicial.

5.8. Dores na canela (canelite)

Muitos candidatos para os testes físicos comumente apresentam dores na parte da canela, chamadas de canelite. Ela se deve muito em parte pelo excesso de treinamento realizado pelo candidato iniciante, ou seja, ainda com a musculatura não adaptada.

Muitos candidatos não se importam com essas dores, e caso não seja cuidadosamente tratada, ela pode se transformar em uma fratura por estresse.

O grande problema é chegar para a semana do TAF com esse quadro de canelite. A dificuldade das passadas na corrida provavelmente irá incomodar bastante o candidato para o teste de 12 minutos.

5.8.1. O que é a canelite?

Essa patologia, também conhecida como síndrome do estresse tibial, é uma inflamação do periósteo (parte externa do osso) da frente da perna (canela). É uma reação do osso contra os impactos.

Ela atinge principalmente os candidatos que treinam corrida em demasia em função do desespero ao ser chamado para o TAF pelo pouco tempo disponível (já falamos bastante aqui sobre o perigo em treinar somente após a divulgação da chamada para o TAF).

Essa inflamação basicamente é causada pela sobrecarga no osso da tíbia e uma maior tração da panturrilha na margem póstero medial da tíbia.

5.8.2. Quais são as principais causas?

– O excesso de treinamento em alunos não adaptados.

– Excesso de treinamento em superfície duras (como ruas, asfalto).

– Pés com pronação excessiva (pisada para dentro) ou supinação excessiva (pisada para fora).

– Uso de calçados inadequados (sem amortecimento adequado).

5.8.3. Como realizar o tratamento da canelite?

– Caso sinta dores, recomendamos você cessar o treino imediatamente, para que ocorra a recuperação adequada.

– Ao sentir as dores, coloque gelo no local durante o máximo de tempo que puder.

– Consulte um médico para a administração de anti-inflamatório.

– Somente retorne aos treinamentos após as dores terem cessado, respeitando o que foi dito acima, sobre os princípios do treinamento: adaptação, volume/intensidade.

5.8.4. Como prevenir a canelite?

– Realizar um aquecimento dos músculos que serão envolvidos no treino.

– Evite superfícies muito duras. Tente variar para a corrida na areia, pistas sintéticas de atletismo, grama.

– Faça o reforço da musculatura da parte da frente (tibial anterior) e de trás da perna (musculatura da panturrilha).

– Usar tênis com bom sistema de amortecimento. O uso de palmilhas de gel também ajudam.

– Realize o treino de forma adequada. Treine com adaptação, com aumento gradual do volume (no máximo 15% por semana) e regre bem a relação volume/intensidade (não treine velocidade no início do treino). Nós adequamos o treino para que você treine corretamente.

5.9. Teste físico de natação. Como escolher o equipamento ideal?

A Equipe AprovaTAF, com seu quadro de Mestres e Doutores em Educação Física, e larga experiência em treinamento físico para concursos, escreveu algumas dicas para você escolhera vestimenta e o equipamento ideal para a natação.

Antes de iniciar, é importante esclarecer que o candidato que não sabe nadar, recomendamos que ele(a) procure uma boa escola de natação.

Mas, para quem tem já alguma habilidade natatória, nossos planos de natação podem auxiliar o candidato a adquirir uma excelente condição para passar nos testes físicos de natação.

5.9.1. Qual o traje mais adequado?

A escolha do equipamento adequado contribui enormemente para o melhor desempenho do candidato, além de tornar o treino de natação ainda mais prazeroso.

Com a vestimenta adequada, o candidato vai se sentir mais confortável e principalmente, vai ter o movimento dentro da água de forma mais livre. Vestimentas inadequadas proporcionam desconfortos nas sessões de natação, que irão tirar o foco do treinamento. Ou seja, o aluno ao invés de aprender e desenvolver sua aptidão natatória, ele (a) estará preocupado(a) com o incômodo da roupa.

Por isso, maiôs e sungas que não sejam muito justos e apertados ao corpo e que oferecem pouco atrito com água são os mais recomendados. Além disso, o candidato deve adquirir vestimentas resistentes à corrosão de cloro e sal para maior durabilidade.

5.9.2. Óculos, qual a indicação?

Muitos candidatos não dão importância aos óculos de natação. No entanto, eles são indispensáveis por oferecem conforto e proteção. Por isso, opte por aquele que melhor se encaixa ao seu rosto e que não precise apertar demais.

Para saber se o tamanho está adequado, experimente os óculos antes de comprar. Peça ao vendedor para testar no seu rosto. Os óculos podem ser colocados no rosto sem a borracha que fixa na parte de trás da cabeça. Se ele permanecer no rosto apenas com a sucção feita, provavelmente os óculos são o ideal para você.

5.9.3. A touca é importante?

Uma boa touca de natação é a de silicone. Ela consegue proteger o contato do cabelo com o cloro e o sal. Além disso, a touca irá proporcionar menor atrito do cabelo com água, oferecendo maior deslize.

Mas atenção, leia o edital do concurso para saber se é permitido o uso da touca no dia do teste. Caso contrário, você irá precisar treinar alguns dias de semana sem a touca, seguindo o princípio da especificidade.

5.9.4. Outros equipamentos importantes

O candidato pode investir em outros equipamentos para melhorar a aquisição da habilidade natatória.

Um deles é o flutuador. Ele é colocado entre as pernas com a finalidade de focar apenas no movimento dos braços, oferecendo um trabalho específico de força e resistência dos membros superiores. Para melhorar também as técnicas de braçada e coordenação, os palmares são necessários.

Outro equipamento interessante é a prancha. Ela é colocada à frente do candidato na água, onde apenas no trabalho das pernas é realizado.

Para quem tem dificuldade em bloquear a respiração embaixo da água ou no momento da virada olímpica, o uso de tampões de nariz facilita a vida do candidato.

Para os candidatos que se sentem incomodados com a entrada de água nos ouvidos, usar tampões nessa região também pode ajudar a evitar entrada.

Lembrando que nenhum equipamento irá fazer com que você passe no teste físico da natação. O que fará você passar no TAF é treinamento físico realizado de maneira periodizada, ou seja, com os estímulos necessários e o descanso adequado. Os equipamentos apenas serão facilitadores. O treinamento regular e correto é o que fará você passar.

5.10. Posso fazer exercício no frio? Quais as recomendações?

No inverno e com a queda da temperatura, muita gente pergunta se a prática do exercício faz mal ou ainda, quais ações são necessárias para não se pegar um resfriado ou gripe.

A primeira consideração importante é que o maior problema relacionado ao clima do Brasil e a temperatura média anual é em relação ao calor excessivo e a alta umidade, o que acontece em boa parte do ano.

Então, sobre o exercício no frio é preciso entender que a principal função da circulação na pele é manter o equilíbrio térmico, proporcionando isolamento contra o frio e eficiente transferência de calor entre as porções centrais e a periferia do corpo.

O mecanismo de regulação de calor, auxiliado pela sudorese e pelo efeito da evaporação através do suor, está mais bem adaptado para a proteção contra o calor excessivo do que contra o frio excessivo para os humanos.

5.10.1. Gordura corporal, exercício e estresse induzido pelo frio

As diferenças no conteúdo de gordura corporal entre os indivíduos influenciam a função fisiológica no frio durante o repouso e o exercício.

Convém considerar o estresse devido ao "frio" como sendo altamente relativo. A sobrecarga fisiológica imposta pelo ambiente frio depende do nível de metabolismo do indivíduo e da quantidade de da gordura corporal. Pessoas com maior quantidade de gordura toleram muito mais o frio do que as pessoas mais magras.

Em relação às crianças, o corpo delas facilita muito mais a perda de calor em um ambiente quente, porém, passa a constituir uma desvantagem durante o estresse induzido pelo frio, pois o calor corporal dissipa-se rapidamente.

Os ambientes frios podem elevar o metabolismo energético durante o repouso e o exercício. A magnitude do efeito depende principalmente do conteúdo em gordura corporal e da eficácia do conjunto de sua roupa. A taxa metabólica aumenta em até cinco vezes em repouso durante um estresse extremo induzido pelo frio, pois os calafrios geram o calor corporal necessário para manter uma temperatura central estável.

5.10.2. O trato respiratório durante o exercício em clima frio

O ar ambiente frio normalmente não lesiona as passagens respiratórias. Até mesmo em um clima extremamente frio, o ar em geral é aquecido para cerca de 30°C até alcançar os pulmões.

No entanto, o aquecimento do ar inspirado nas vias respiratórias faz aumentar grandemente sua capacidade de conter umidade, o que produz uma perda considerável de água por parte das passagens respiratórias, contribuindo para tosses após o exercício.

Em um clima frio, o trato respiratório perde uma quantidade considerável de água e de calor, mais particularmente durante o exercício vigoroso.

Essa perda de líquido pelas vias respiratórias contribui para a desidratação, secura dos lábios, a boca seca, a sensação de queimação na garganta e a irritação generalizada das passagens respiratórias.

O uso de um cachecol aprisiona a água contida no ar expirado, aquecendo e umedecendo o ar contido na próxima inspiração.

Diante disso, a reposição hídrica se faz necessária. Ingestão de 200 ml de água a cada 15 minutos é uma razoável recomendação.

5.10.3. Exercício no frio

Como foi dito acima, o maior problema do exercício físico é a combinação letal em alta umidade do ar e as elevadas temperaturas.

No frio, como o corpo se aquece naturalmente com a realização dos exercícios físicos, o aumento da temperatura é um fator benéfico para o organismo, uma vez que o frio excessivo em repouso pode causar quadros de hipotermia e assim, gerar respostas fisiológicas para o aquecimento do corpo.

5.10.4. Uma preocupação para exercícios no frio é a vestimenta

Ao proporcionar isolamento em relação ao frio, as fibras das roupas aprisionam uma camada de ar que, será aquecida, estabelecendo uma barreira para a perda de calor, pois o tecido e o ar conduzem precariamente o calor.

O isolamento torna-se mais efetivo com uma zona mais espessa de ar aprisionado acima da pele. Por essa razão, várias camadas de uma roupa leve, ou as peças de vestuário revestidas com tecidos sintéticos (com numerosas camadas de ar aprisionado), proporcionam um melhor isolamento que apenas uma camada volumosa de uma única peça de roupa.

Mas atenção, como foi dito acima, pessoas com excesso de gordura já têm uma camada isolante contra a perda de calor, devendo então, atentar para o não excesso de roupa que irá usar em relação às pessoas mais magras.

5.10.5. Conclusão

O exercício no frio pode ser realizado normalmente, desde que se atente para uma boa reidratação, uma vez que a perda hídrica é considerável no trato respiratório para o aquecimento do ar gelado.

Outra recomendação é usar vestimentas com algumas camadas de roupa de fibras sintéticas para se proteger do frio e manter o corpo aquecido. Isso logicamente, vai depender da temperatura do local onde é realizado o exercício.

Não arrume a desculpa de que está frio. A regularidade do exercício físico não pode ser interrompida pela queda da temperatura. Mantenha-se ativo. A sua saúde agradece.

E o TAF não vai querer saber se a temperatura estava baixa. Se prepare adequadamente.

5.11. Posso treinar todos os dias?

Muitos candidatos se desesperam ao receberem a notícia de que foram chamados para a realização dos testes físicos. E então, para recuperar o tempo perdido e pelo pouco tempo disponível, os candidatos acham que treinar todos os dias, com alto volume, seja o mais correto.

Para aqueles que necessitam uma progressão todo dia, ficar sem realizar atividade física por um dia pode ser difícil. Mas, na verdade, o corpo precisa de descanso para a recuperação fisiológica, fazendo com que a melhora da performance ocorra.

5.11.1. Os princípios do treinamento

Para a prescrição do exercício físico, alguns princípios do treinamento devem ser obedecidos. Cada princípio, considerado individualmente, possui seu papel fisiológico, entretanto, a integração entre eles é de fundamental importância.

Após a aplicação de uma carga de trabalho, o organismo precisa se recuperar, visando restabelecer a homeostase. O aproveitamento do fenômeno da assimilação compensatória ou supercompensação permite a aplicação progressiva do Princípio da Sobrecarga, pode, ainda, ser severamente comprometido por uma incorreta disposição do tempo de aplicação das cargas.

O processo de recuperação do corpo demora algum tempo e, se houver estímulos ao músculo enquanto ele está em recuperação, ele estará sendo desgastado, em vez de desenvolvido. É aqui que ocorre a fase de *overtraining*.

5.11.2. O excesso de treinamento

Esse excesso de treinamento é erroneamente conceituado. Muitos pensam, que quanto mais exercício, melhor será para o corpo. O *overtraining*, isto é, o excesso de treinamento é uma desordem neuroendócrina e reflete o acúmulo de fadiga durante os períodos de alto volume/intensidade do treinamento e com períodos inadequados de recuperação.

Os principais sintomas do *overtraining* são: aumento da frequência cardíaca de repouso; perda de peso; diminuição do apetite; dor muscular por mais de 24 horas, baixa da imunidade; aumento da creatina-kinase, aumento da FC de esforço; diminuição da imunidade, com aumento de resfriado e gripe; queda no desempenho e perda da vontade de treinar. Em mulheres o principal sintoma que pode ocorrer também é a alteração menstrual devido à alta demanda da atividade física.

Portanto, um dos principais sintomas de que o indivíduo está se excedendo nos exercícios é a queda no desempenho com sensação de fadiga. Uma sensação de que para atingir determinada performance, por exemplo: correr 5 km em 25 minutos, já não está tão fácil como antigamente é sinal de que o corpo está te avisando que algo está errado. A partir daí, análises laboratoriais deverão ser realizadas para esclarecimento clínico do aluno.

Por isso que é importante dar o descanso para que os níveis de glicogênio muscular sejam restaurados. É necessário restabelecer as taxas de glicogênio muscular que serão utilizados na próxima corrida. Sujeitos adaptados ao treinamento físico têm uma resposta melhor ao dano inflamatório causado pela lesão tecidual. Isso se deve a formação de uma estrutura mais resistente com o treinamento.

5.11.3. Qual a quantidade ideal para treinar?

A frequência semanal é o fator que juntamente com a duração da sessão irá determinar o volume da carga de treinamento aeróbico. A distribuição ideal deve ser individual, pois depende da capacidade de recuperação do indivíduo. Sugere-se, por exemplo, três dias por semana como a frequência ideal para não atletas. Dois dias seria o mínimo para se conseguir algum efeito fisiológico. Cinco vezes ou mais por semana poderia aumentar o risco de lesões e desencadear o *overtraining*. Maratonistas costumam dividir a grande distância percorrida na semana, em duas ou três sessões no mesmo dia. Mas, como qualquer princípio de treinamento, a quantidade ideal para cada pessoa depende de muitos de fatores, tais como o nível de condicionamento físico, a idade, as respostas de cada um ao treinamento, a quantidade e intensidade a atividade física e o tipo de exercício físico.

Para a maioria dos indivíduos que praticam corrida, existem algumas recomendações de intervalos objetivando a obtenção do descanso necessário. Por exemplo:

– Corrida 30 minutos a 1 hora em ritmo confortável/moderado – de 24 horas a 48 horas de recuperação;

– Longos 2 horas em ritmo confortável/moderado – de 72 horas a 96 horas de recuperação;

– Treinos intervalados em ritmo forte – de 36 horas a 48 horas de recuperação;

– Musculação moderada – de 24 horas a 36 horas de recuperação;

– Musculação intensa – de 48 horas a 72 horas de recuperação.

Existe a Lei das 48 horas, onde se considera o espaço de tempo que deva ser respeitado entre o último treino e o próximo treino de alta intensidade e grande volume. Esse tempo é o intervalo necessário para se processar a restauração plena do glicogênio muscular após um treino de alto volume/intenso.

5.11.4. Conclusão

Portanto, uma prescrição de treinamento bem elaborada deve não somente considerar dentro do planejamento o princípio da sobrecarga, mas também a necessidade de recuperação. Ou seja, o corpo precisa de mais estímulos para evoluir à medida que o corpo se adapta ao atual estímulo, mas também precisa de repouso para conseguir superar o treino anterior.

Dessa forma, um sujeito pode perfeitamente fazer exercício todo dia, desde o planejamento da prescrição seja bem realizado a fim de não usar os mesmos grupos musculares em dias consecutivos. Ou até mesmo quando se utiliza os mesmos grupos musculares em dias consecutivos, desde que seja observada o volume/intensidade do treino anterior e o nível de condicionamento do sujeito.

5.12. Você sabe correr em uma pista de atletismo controlando o ritmo?

A grande maioria das provas de corrida de resistência dos Testes Físicos, ou comumente chamada de Teste de 12 minutos, são realizadas em uma pista de atletismo de 400 metros.

No entanto, é comum candidatos correrem de forma desenfreada, sem nenhum controle do ritmo ou velocidade. E você sabe correr controlando o tempo para cada volta nessa pista de 400 metros?

Vamos apresentar aqui alguns passos superimportantes para que você consiga alcançar o índice mínimo exigido e saiba como correr nessa pista.

5.12.1. Cuidado com os desesperados ou os despreparados

Ao ser dado o tiro de largada, o que se vê são cenas de arrepiar qualquer preparador físico. Alguns indivíduos largam em disparada em uma velocidade que parecem estar disputando uma corrida de 200 ou 400 metros. Essa largada em velocidade alta está mais ligada ao desespero e descontrole da velocidade pelo candidato do que pelo preparo físico propriamente dito. Isso porque, ao final da primeira volta, esse candidato já se encontra fadigado e começa a "travar" e diminuir a velocidade.

Outro caso são aqueles que dada a largada, saem no passo da tartaruga, mais pelo despreparo físico e que com certeza não atingirão os índices mínimos.

Dessa forma, a primeira recomendação é o aluno esquecer qualquer candidato a sua frente e realizar a corrida em uma velocidade constante, no seu ritmo treinado.

Mas como saber meu ritmo de corrida?

5.12.2. Para calcular sua velocidade (ritmo para corrida) é preciso seguir os seguintes passos

a) Veja o índice que deseja alcançar no teste de acordo com o edital, deixando uma margem de segurança. Por exemplo, se for homem, o índice mínimo é 2.400 metros. Então com a margem de segurança, coloca-se a índice de 2.450 a 2.500 metros. Outro exemplo, se for mulher, o índice previsto no edital para o concurso tal é de 2.200 metros. Com a margem de segurança, coloca-se o índice mínimo de 2.300 metros. Lembrando que o candidato pode até colocar valores maiores aos exemplificados aqui.

b) Então com essa distância mínima a ser alcançada, o candidato deve fazer o seguinte cálculo: fazer uma regra de três simples, de acordo com a descrição abaixo:

$$\frac{\text{Distância estipulada}}{400 \text{ metros}} = \frac{12 \text{ minutos}}{t}$$

No exemplo masculino.

$$\frac{2.500 \text{ metros}}{400 \text{ metros}} = \frac{12 \text{ minutos}}{t}$$

$$\text{Então } t = \frac{12 \times 400}{2.500} = \frac{4.800}{2.500} = 1,92 \text{ minutos.}$$

Se t = 1,92 minutos, precisa-se transformar a fração em segundos, através de uma nova regra de três. Se 1 minuto é 60 segundos, 0,92 é x. Daí, x= 55 segundos.

Isto é, 1,92 equivale a 1 minuto de 55 segundos.

Portanto, o candidato precisará correr cada volta no tempo de 1 minuto de 55 segundos. Ou seja, não adianta você tentar acompanhar o fulano da frente que vai fazer a primeira volta em 1 minuto de 20 segundos e "brochar" e o candidato de trás que irá fazer a volta em 2 minutos de 20 segundos e não chegar no índice mínimo.

Então, corra no seu ritmo, na velocidade para cada volta.

Mas como se controla esse tempo?

Vamos ensinar agora como controlar a velocidade dentro do tempo estipulado.

5.12.3. Calculado o tempo para cada volta, agora é importante correr dentro da velocidade

Para isso, é importante o candidato ter um relógio digital no pulso com alarme regressivo e rotativo (sem parar!!!). Isto é, o candidato coloca o tempo calculado para cada volta (ex.: 1 minuto e 55 segundos) no cronômetro regressivo. Ao ser dada a largada, o aluno aciona esse cronômetro regressivo. Ao chegar nas proximidades da primeira volta, ele fica atento ao aviso sonoro do relógio.

Ou seja, se o relógio tocar antes do aluno chegar na linha da primeira volta, é porque o aluno está atrasado, necessitando de que ele acelere a velocidade.

Agora, se o relógio tocar depois do aluno chegar na linha da primeira volta, é porque o aluno está adiantado, necessitando de que ele diminua a velocidade.

O ideal é que o aluno passe nas proximidades (de dois a três metros) da linha da volta dos 400 metros sempre quando o relógio tocar.

Esse é um método muito eficaz, mas que necessita de treinamento e familiarização com o relógio.

Outro método é usar o relógio, mas sem o aviso sonoro, onde o aluno precisará olhar o cronômetro toda vez que completar a volta. Esse método é mais difícil, pois, muitas das vezes, após algumas voltas, o aluno já está fadigado e pode perder a noção do tempo e não conseguir raciocinar direito. Mas assim como o outro, necessita de treinamento.

Para quem pensou na ajuda de algum amigo ou parente que pode cantar o tempo na medida em que o candidato for passando pela linha da volta dos 400 metros, esqueça essa ideia. Muitas bancas deixam claro de explicitamente que o candidato que receber QUALQUER ajuda externa será DESCLASSIFICADO. Portanto, esqueçam essa ideia. Raciocinem realizar o TAF sem ajuda de ninguém.

5.12.4. Para finalizar

É preciso deixar claro que mais importante do que saber controlar o tempo para cada volta é conseguir correr nesse tempo para cada volta!!!

De nada adianta ter o controle para cada volta se o candidato não chegar na volta dentro do tempo estipulado. Dessa forma, é extremamente necessário se preparar de forma específica e periodizada.

5.13. Exercício físico altera a imunidade

Muitos já ouviram alguns conselhos, até mesmo do próprio professor de educação física, quando estava doente, com resfriado, por exemplo, para não frequentar a academia ou não praticar seu esporte.

Afinal, você poderia ficar ainda pior. Será isso uma verdade? O exercício pode piorar a defesa do organismo?

Para responder essa pergunta precisamos entender o que é o sistema imune e como o exercício é capaz de alterá-lo. Temos dois tipos de defesa:

– Imunidade inata que é a nossa primeira linha de defesa, não precisa ter tido contato prévio com o agente infeccioso (bactéria/vírus/fungo) e não é específica, ou seja, combate qualquer coisa, a qualquer momento.

– Imunidade adquirida é aquela que, após exposição prévia ao agente infeccioso, adquire memória. O organismo já está preparado para uma defesa mais específica e produz anticorpo para evitar o desenvolvimento da doença.

Conforme a intensidade e a duração do exercício, todas nossas defesas, inata ou adquirida, podem ser alteradas.

Essas alterações dependem das influências hormonais (cortisol/catecolaminas) e de alguns fatores associados como: qualidade do sono, se houve repouso muscular adequado, se há regularidade do exercício ou se a alimentação está correta. Quanto ao tipo de exercício foram observadas alterações similares tanto nos aeróbios (ciclismo, corrida, caminhada) quanto no resistido (musculação).

O que mais parece alterar as respostas imunes de fato seria a intensidade da atividade física.

As alterações imunológicas promovidas pelo exercício podem ocorrer tanto em curto prazo quanto em longo prazo.

5.13.1. Em curto prazo (agudas)

Em geral, ocorre o aumento das células de defesa, considerando atividades leves ou de curta duração. Já atividade física aguda intensa, exaustiva, prolongada (maior que duas horas), segundo estudos realizados, estaria relacionada à queda da defesa, tornando mais suscetível a infecções, principalmente virais, como doenças herpéticas (herpes labial), faringites e infecções das vias aéreas superiores (resfriado comum). O exercício intenso, sem recuperação muscular, também promove maior lesão músculo-esquelético, com exacerbação do processo inflamatório, maior fadiga muscular e redução do desempenho.

Principalmente em atletas de alta performance, observa-se uma diminuição transitória da resposta imune, durante três horas a 72 horas após término do exercício, o que chamamos de "janela aberta". Esse período, em que há maior chance de adquirir infecções, pode ser estendido se o atleta não descansar adequadamente.

Observa-se também que, após treinamento excessivo, os atletas possuem menos saliva e menos imunoglobulina (um anticorpo que protege contra infecções virais e bacterianas nas nossas mucosas) e consequentemente maior risco de infecções de vias aéreas superiores e dor de garganta, podendo durar de um a três dias.

Assim sendo, devemos estar atentos aos treinos excessivos, intensos e consecutivos, nos quais não ocorre um descanso adequado, levando a mais infecções como também queda no desempenho esportivo.

5.13.2. Em longo prazo

Prática de exercício físico regular de leve a moderada intensidade promove melhor resposta imune à pessoa, com menor incidência de infecções bacterianas e virais. Além disso, o exercício possui efeitos anti-inflamatórios, podendo reduzir a incidência de alguns cânceres como o de mama e do intestino (cólon). Ele ainda previne contra a demência e serve como tratamento de outras como asma e a hipertensão arterial.

Respondendo à pergunta inicial, se você está resfriado, deve evitar exercícios muito intensos, pois estes podem piorar a defesa do organismo, bem como causar outras doenças associadas ou prolongar a já adquirida.

Portanto, "maneirar" na prática de exercícios físicos é importante. Associe isso a uma boa alimentação e um descanso adequado. Seguindo essas dicas, seu retorno à prática de exercícios será bem-sucedida e seu desempenho será mantido quase em sua totalidade.

Se você deseja menos infecções, menos doenças e melhor capacidade de defesa imunológica, pratique exercícios de forma regular e sem exageros sob supervisão do seu Médico do Esporte e de seu Educador Físico.

5.14. Por que as mulheres têm maior dificuldade na realização do teste de flexão na barra fixa?

Existem diferenças marcantes entre os sexos nos aspectos fisiológicos que devem ser levadas em consideração tanto no treinamento físico quanto na avaliação em testes de aptidão física (TAF).

No teste físico da PCDF (2015) é cobrada a flexão dinâmica igualmente aos sexos masculino e feminino, mesmo que em menor número de repetições.

5.14.1. Mas será essa a proporcionalidade correta?

Antes de tudo, a banca examinadora baseou-se em quais dados para arbitrar essa quantidade? Qual foi o teste estatístico utilizado para se cobrar uma repetição dinâmica?

Em que estudos científicos realizados com homens e mulheres foram a referência para a adoção de execução de uma barra dinâmica pelas mulheres?

O critério de padrão arbitrário para testes físicos não parecem ser a melhor estratégia.

5.14.2. Força e hipertrofia musculares

As diferenças de força entre homens e mulheres devem ser examinadas do ponto de vista da força absoluta; força em relação ao tamanho e à composição do corpo; e a força em relação ao volume muscular.

Estudos publicados em renomadas revistas e jornais científicos mostram que a força muscular total máxima da mulher média é de 63,5% da força do homem médio. A força isométrica da parte superior do corpo das mulheres é de 55,8% da força dos homens. A força isométrica da parte inferior do corpo das mulheres é, em média, 71,9% da força dos homens (LAUBACH). Ou seja, a força da parte inferior do corpo das mulheres se aproxima mais a dos homens. No entanto, em relação à parte superior do corpo, a força das mulheres essa relação é bem menor (MILLER).

Conforme pode ser observado pelo gráfico abaixo, a força muscular absoluta da parte superior do corpo das mulheres é bem menor do que a dos homens (FOX, BOWER & FOSS).

Nesse gráfico, as diferenças são enunciadas em termos de uma relação de força, isto é, a força absoluta da mulher foi dividida pela força absoluta do homem (relação inferior a um significa que os homens são mais fortes). Na mulher, a força muscular geral equivale aproximadamente a dois terços da do homem. Entretanto, convém observar que as diferenças de força variam entre os diferentes grupos musculares (parte superior e inferior).

Por exemplo, em comparação com os homens, as mulheres são muito mais fracas no tórax (peitoral e costas), nos braços e ombros e mais fortes nas pernas (FOX, BOWER & FOSS).

Muito provavelmente, isto se relaciona ao fato de ambos os sexos utilizarem suas pernas em grau semelhante, como, por exemplo, ao ficar de pé, andar, correr, subir escadas e pedalar.

Por outro lado, as mulheres têm menor oportunidade de utilizar músculos de suas extremidades superiores do que os homens. Cabe ressaltar que a musculatura envolvida no teste físico da barra é localizada na parte superior do corpo (costas, ombro e braços).

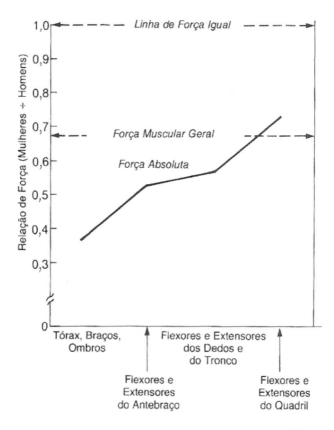

Em termos numéricos para bem representar essa diferença da força na parte superior do corpo, em um estudo feito por MAUGHAN, os resultados mostraram que para a flexão dos cotovelos, a força da mulher foi cerca de 46% da força dos homens. Já para WILMORE, as mulheres apresentaram cerca de 37% da força dos homens no exercício de supino.

Outro estudo comparando a força de preensão manual de homens sedentários em relação a mulheres atletas de elite revelou ainda uma força muscular maior em favor dos homens que não praticavam nenhum treinamento de força (LEYK) em comparação à mulheres de elite esportiva.

Também para elucidar a enorme diferença de força entre os sexos, em geral, as mulheres têm tamanho e número menor de fibras musculares em relação aos homens (RYUSHI). As fibras tipo I (responsáveis pela produção de força) são cerca de 68% das de um homem, além de menor recrutamento de unidades motoras responsáveis pela contração muscular (DRINKWATER), fatores limitantes ao desempenho menor das mulheres em exercícios de força muscular.

A grande variação da força entre homens e mulheres pode ser confirmada também em relação ao peso relativo (peso do corpo). Mesmo tendo peso corporal menor, as mulheres apresentam muito menor força relativa do que homens (FLECK & KRAEMER). Ou seja, mesmo sendo mais leves, os autores demonstraram que as mulheres têm força relativa menor, o que não justifica a cobrança uma execução de forma dinâmica na barra ao se argumentar que elas são mais leves.

E estudos longitudinais também mostraram que o aumento do músculo treinado em mulheres é muito pequeno, mesmo com treinamento igual ao realizado por homens. Estudos com a duração de 10 semanas (WILMORE); 12 semanas (BOYER) ou até mesmo 20 semanas (STARON) mostraram que o aumento da muscular em mulheres é insignificante.

Além de tudo isso, mulheres que mesmo desejando alcançar o índice mínimo para o teste físico na barra dinâmica são sujeitas a maiores lesões nessa parte do corpo. Estudos mostram que pelo fato de terem menor força na parte superior do corpo, as mulheres estão mais sujeitas as lesões e consequentemente, sujeitas à interrupção do treinamento (FLECK & KRAEMER).

A atividade enzimática também é outro fator limitante nas mulheres. Uma enzima importantíssima para produção de força, a atividade da creatina-kinase é bem menor nas mulheres, conforme demonstrado por BORGES & GUSTAVSSON.

5.14.3. Composição corporal

Outra considerável diferença entre os gêneros é a presença do gordura tanto no corpo como dentro do próprio músculo.

As mulheres apresentam maior quantidade de gordura corporal dando incontestável maior sobrecarga aos músculos para a subida do corpo no teste físico dinâmico na barra fixa.

As mulheres apresentam cerca de duas vezes em média mais gorduras que os homens (25% versus 12,5%) (SHARKEY). Essa maior quantidade de gordura é natural a elas, uma vez que as mesmas precisam tê-la em maior quantidade para diversas finalidades fisiológicas.

Na história da evolução humana, as mulheres têm seus corpos preparados para transportar uma criança e para seu nascimento, e tem os quadris mais largos para manter gordura extra para a gravidez. Homens, livres das exigências do parto, têm o benefício de serem tão fortes e ágeis quanto possível, pois precisavam ir em busca de alimento e competir por ele com outros homens.

Dessa forma, é nítido que o excesso de gordura corporal inerente às mulheres limita consideravelmente o desempenho em exercícios que exigem o deslocamento do corpo, como por exemplo, a subida no teste de barra fixa.

5.14.4. Hormônios

Além disso, há também a diferença em relação aos hormônios produzidos para o desenvolvimento de músculos e posterior ganho de força. Os homens têm cerca de dez vezes os valores de testosterona dos valores das mulheres (WRIGHT).

A testosterona é um esteroide anabólico (indutor de crescimento) que ajuda os músculos a ficarem mais fortes. As diferenças relacionadas na resposta hormonal ao treinamento de força, como a testosterona aumentada e cortisol reduzido para os homens podem determinar todas as diferenças sexuais definitivas no tamanho dos músculos e nas adaptações de força observadas com um treinamento de longo prazo.

E ainda, a testosterona pode induzir ao indivíduo em treinamento a maior agressividade e consequentemente aumentando a vontade de treinar mais pesado (SHARKEY).

Mesmo com treinamento árduo de treinamento de força, as mulheres continuam com níveis baixíssimos de testosterona no corpo, impedindo o aumento da massa muscular, conforme um estudo publicado por HETRICK & WILMORE. Outro estudo bastante interessante mostrou que os níveis de testosterona não se alteraram em uma sessão de treinamento de força, enquanto os níveis de testosterona nos homens aumentaram significativamente (KRAEMER).

Não obstante, outros hormônios com alta influência fisiológica na formação de novos músculos são menores nas mulheres, como o hormônio do crescimento.

Além disso, estudos mostram que o ciclo menstrual pode alterar fatores hormonais que prejudicam o ganho de força nas mulheres pela desregulação neuroendócrina.

As disfunções menstruais são particularmente a amenorreia (ausência de menstruação), oligomenorreia (menstruação com frequência anormal) e dismenorreia (Menstruação dolorosa, cólicas menstruais severas). As possíveis causas dessas alterações incluem exercício físico em excesso, estresse físico ou psicológico, tumores e problemas hormonais. Essas alterações menstruais podem acontecer em mulheres que se exercitam muito, pela liberação de prolactina que leva a anovulação e ao hipoestrogenismo (SÁ).

Devido às complicadas interações hormonais associadas ao treinamento de força intenso, o desequilíbrio hormonal das mulheres parece ser um fator determinante na diminuída obtenção de força (FLECK & KRAMER).

5.14.5. Conclusão

Diante da menor força da parte superior das mulheres (cerca de 37% a 50%); o dobro de gordura corporal (maior peso corporal para subir) e a dificuldade de gerar novas células musculares pelas limitações hormonais parece ser desproporcional a cobrança da execução de uma repetição completa no teste de barra fixa para o sexo feminino, mesmo em quantidade menor.

Para corroborar com essa discrepante diferença de força muscular entre os sexos, é visto que na esmagadora maioria dos concursos públicos que exigem o teste de avaliação física para mulheres, ou inexiste a cobrança da flexão na barra fixa ou caso exista a cobrança, ela de forma acertada e razoável exige APENAS a suspensão do corpo na parte superior ou inferior da barra fixa, conforme a foto abaixo.

5.15. Devo fazer alongamento antes dos treinos?

Recebemos vários e-mails sobre essa questão importante sobre fazer ou não fazer alongamento antes do treinamento físico.

A primeira coisa é diferenciar alongamento e treino de flexibilidade. A flexibilidade é uma valência física assim como a composição corporal; a aptidão cardiorrespiratória; e força e resistência muscular. A flexibilidade é definida como a amplitude de um movimento na articulação ou de um grupo de articulações.

Alongamento é a forma de trabalho que visa à manutenção dos níveis de flexibilidade obtidos, dentre outros objetivos. Ele é uma técnica para ganhar flexibilidade.

Maior flexibilidade é sinônimo de maior qualidade de vida. Pessoas mais flexíveis conseguem, por exemplo, subir uma cadeira, pegar um objeto em um armário alto com muito mais facilidade do que uma pessoa com menor flexibilidade.

5.15.1. Mas como treinar a flexibilidade?

1) A recomendação é realizar treinos específicos de trabalho de flexibilidade em um ou dois dias separados na semana.

2) Estudos também mostraram que se o aluno realizar exercícios de musculação na máxima amplitude do movimento já estaria realizando os trabalhos de flexibilidade.

5.15.2. E em relação ao alongamento antes de exercícios físicos?

Diversos estudos mostraram que o alongamento antes dos exercícios (efeito agudo ou imediato) não previne lesão. Porém, os efeitos crônicos do alongamento (ao longo do tempo) previne lesão. Ou seja, uma maior flexibilidade previne o risco de lesão devido ao aluno poder fazer maiores amplitudes de movimentos articulares.

Outros estudos comprovaram que o alongamento realizado antes de testes físicos de potência muscular prejudicou o desempenho dos pesquisados nesses testes.

Uma prática também comum é o alongamento imediatamente após o exercício. O alongamento feito após o exercício não se justifica pela existência de microtraumas musculares. Alongar neste momento não traz nenhum benefício, podendo até mesmo provocar maior dano muscular.

Portanto, para quem está em treinamento para os Testes Físicos (TAF), o recomendado é não realizar alongamento nem antes, nem depois nos dias de treinamento e realizar apenas o aquecimento antes dos exercícios para o grupo muscular envolvido no treino naquele dia, com movimentos com pesos leves e algumas repetições: de 10 a 20.

5.16. Dores nos joelhos em mulheres (condromalácia). O que fazer?

Um dos problemas de quem está treinando para o TAF são as dores nos joelhos, principalmente o treino de corrida.

E uma das principais causas dessas dores é uma patologia chamada de Condromalácia ou condropatia patelar, também chamada de síndrome do joelho de corredor.

5.16.1. O que é condromalácia?

Essa patologia chamada de condromalácia ocorre devido à perda de líquido da articulação do joelho e ao desgaste da cartilagem podendo ser agravada para um quadro de artrose.

Por que eu sinto dores?

A patela é um osso que fica solto na articulação da coxa com a perna. Ela entra em contato com o osso da coxa (fêmur) nos movimentos de flexão e extensão. Assim, com a perda desse líquido, a cartilagem não exerce sua função protetora de impedir o atrito entre os ossos. No entanto, como a cartilagem não tem inervação nervosa e tem pouca irrigação sanguínea, o candidato não sente dor devido à condromalácia em si, mas, principalmente devido às inflamações da região.

5.16.2. Quais são as causas dessa patologia?

A patela perde o alinhamento ao ficar fora de seu trilho da tróclea. Esse desalinhamento da patela é devido a diversos mecanismos que não estão relacionados apenas à região do joelho, mas a todo o membro inferior e a região do quadril.

O movimento do joelho é também influenciado pelo quadril e do pé, o que fica claro ao analisarmos o ângulo Q (ângulo formado por uma linha que passa pela espinha ilíaca até o centro da patela), conforme figura abaixo.

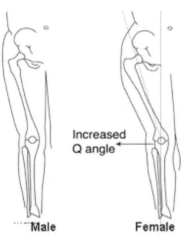

Esse ângulo acaba sendo maior nas mulheres devido a maior largura do quadril ocasionando a entrada dos joelhos para dentro (geno valgismo).

Essa entrada dos joelhos para dentro acaba forçando a patela para fora (lateralização) e conduzindo o desgaste da cartilagem. Quanto maior o ângulo Q, maior a tendência à lateralização da patela.

Porém, com a flexão do joelho (quando o joelho dobra), o ângulo Q diminui bastante tendendo a zero, devido à rotação interna da tíbia. Isto é, quanto mais dobrado o joelho, mais o quadríceps faz o alinhamento da patela com o tendão. Ou seja, o exercício de agachamento não é o problema.

Portanto, o problema é realizar exercícios de musculação de flexão e extensão do joelho antes do momento da entrada da patela na sua articulação com a tróclea, onde ocorre a lateralização da patela.

Outra atenção é que durante os movimentos de adução/abdução do fêmur são controladas pelas musculaturas do quadril.

Ou seja, a musculatura abdutora do quadril, em especial do glúteo médio, tem um trabalho fundamental na estabilização do joelho e na manutenção do equilíbrio.

O glúteo médio fraco causa movimentos errôneos do gesto da corrida e da caminhada (marcha de Trendelemburg) aumenta ainda mais a condromalácia.

Outra importante musculatura que poucos dão atenção é a musculatura abdominal no tratamento da condromalácia. Os músculos retoabdominal e os oblíquos têm função de estabilização do tronco e da pelve e o reforço dessa musculatura demonstra melhorar essa patologia.

Outra preocupação é a menor ativação da musculatura posterior da coxa (músculo da parte de trás da coxa) pelas mulheres. Quando essa região da musculatura posterior da coxa é pouco ativada, aumenta-se a força nos ligamentos do joelho pela maior desestabilização da coxa com a perna.

5.16.3. O que pode ser feito para melhorar ou minimizar as causas?

Melhor do que se combater os efeitos com remédios, anti-inflamatórios, é se combater as causas.

Algumas sugestões:

1) Reforce bastante os músculos abdutores da coxa, os posteriores da coxa e os músculos abdominais para maior estabilização do eixo quadril-joelho-pé.

2) Ao realizar exercícios com peso para membros inferiores, atente-se para não esticar a perna completamente.

3) Evite o excesso de exercício de impacto como a corrida. Sabemos que o treino para o TAF deve ser específico, ou seja, deve ser treinada a aptidão cardiorrespiratório com o treino de corrida. Mas deve ser feito um planejamento altamente periodizado com o volume/intensidade muito bem estudados.

4) Já que é necessário o treino de corrida, treine a forma correta da técnica de corrida para evitar a piora do quadro.

5) A utilização de cinesiotape e de estabilizadores do joelho na região do joelho tem demonstrado diminuir as dores e aumentar a estabilização da região.

6) Evite usar saltos altos. A panturrilha sofre um encurtamento e consequentemente, menor estabilidade do joelho.

5.17. Treinamento Funcional serve para o TAF?

A Equipe AprovaTAF se reuniu para escrever sobre se o treinamento funcional serve para preparar os alunos para os testes físicos de concursos, em virtude da grande quantidade de perguntas enviadas para nós.

Vimos atualmente que o Treinamento Funcional está em moda no Brasil. E esse tipo de treinamento está ganhando cada vez mais espaço no meio do treinamento para os testes físicos de concursos.

No entanto, muita gente que está se preparando para os TAF de concursos ainda permanece com a dúvida se realmente esse o treinamento funcional vai preparar os candidatos para o TAF.

Nós da Equipe AprovaTAF temos algumas considerações importantes sobre essa relação treino funcional e Testes físicos (TAF).

5.17.1. Treinamento funcional serve?

Então nossa primeira consideração é: para o TAF, não. O treinamento funcional não serve para preparar o aluno para os testes físicos.

5.17.2. Mas por quê?

Antes de mais nada, a linha de treinamento da Equipe AprovaTAF é voltada para a Especificidade. Ou seja, treinar o que vai ser cobrado! Parece lógico né? Mas não é o que estamos vendo nos circuitos funcionais.

Para você passar no TAF, você precisa ter as aptidões físicas exigidas nos testes previstos no edital do seu concurso. Para isso, é preciso focar nos princípios do treinamento físico.

Levando em consideração que cada edital prevê uma bateria de testes, e existe uma variabilidade de testes que difere entre cada concurso, o treino funcional não conseguirá treinar de forma específica para cada concurso.

Por exemplo, se o concurso "x" prevê a realização de Flexão na Barra, abdominal remador, Salto em distância, corrida de 100 metros e corrida de 12 minutos.

Então, o treino funcional fará você passar nesse TAF? Não.

Para se ganhar aptidão física para a flexão na barra, temos a certeza absoluta que somente a realização de exercícios específicos para a Barra, o candidato irá conseguir subir o corpo no teste de flexão na barra fixa. Balançar corda, ou ficar pulando bambolês não fará você subir na corda.

Não existe plausibilidade fisiológica onde em um treinamento de circuito funcional com uma série de variabilidade de movimentos, sem nenhum exercício voltado para os músculos envolvidos para a flexão na barra. Não existe mecanismos biomecânicos ou fisiológicos que irá fazer com que o aluno vá fazer a barra em algum momento durante todo o treinamento funcional.

A não ser que esse circuito seja específico com exercícios para a barra. Mas não é o que vemos nas ruas e academias.

5.17.3. Então o treinamento funcional não é bom?

O treino funcional é excelente!!! Mas não para o TAF. Para quem deseja melhorar a saúde, qualidade de vida, emagrecer, o treino funcional assim como outros irá com certeza proporcionar esses benefícios ao longo prazo. Mas para focar no TAF, ele não é o caminho mais indicado!

Muita gente adotou o treino funcional, pois é uma excelente alternativa para quem está cansado dos exercícios mais tradicionais na academia.

Outro fator que deve ser considerado é o motivacional, muita gente adotou o treino funcional, pois é uma excelente alternativa para quem está cansado dos exercícios mais tradicionais na academia.

Muitas pessoas encontraram nos exercícios funcionais, uma forma mais divertida e desafiadora de se exercitar quando comparado, sendo muito comum o uso desses exercícios como meio incentivador e uma forma de manter a regularidade do aluno à prática da atividade física.

O treinamento funcional é caracterizado por atividades que envolvem exercícios simples até os mais complexos, por meio do próprio peso corporal ou com o uso de implementos, e visa trabalhar diferentes capacidades físicas como a força, flexibilidade, equilíbrio, coordenação e resistência. Agilidade e melhora do condicionamento cardiorrespiratório.

5.17.4. Conclusão

Portanto, o treino funcional é um EXCELENTE método para proporcionar os benefícios da atividade física para a SAÚDE, mas não para o TAF.

Mas como escrevemos lá em cima e reforçando aqui novamente: O treino funcional que estamos vendo ser aplicado de forma generalista não é o recomendado para a preparação para o TAF.

Ele não vai fazer você subir na barra. A não ser que exista um treino de circuito específico para a musculatura envolvida na flexão da barra. Sinceramente, nunca vimos um circuito de treino funcional voltado para o TAF. O melhor então é você treinar o que precisa ser treinado.

5.18. Cuidado com a distância na corrida. Ela pode enganar você

Recebemos contatos de nossos alunos espalhados pelo Brasil alegando distâncias percorridas nas simulações dos testes de 12 minutos que constam das planilhas de nossos cursos.

Essa distância errada pode causar sérios problemas ao aluno. Pois no dia do TAF, ele estará mal-acostumado com as distâncias erradas e acabar se prejudicando ao não atingir o índice real.

Algumas distâncias relatadas nos causaram estranheza pelo fato de que distâncias como 1.600 metros ou 3.500 metros em testes de corrida de 12 minutos são metragens fora da normalidade para a grande maioria da população.

Por exemplo, a distância de 1.600 metros em 12 minutos pode até ser obtida por leve trote ou até mesmo em um caminhar rápido, sendo, portanto, inadequado para quem correu em alta intensidade (ritmo acelerado).

Por outro lado, distâncias acima de 3.300 metros em 12 minutos são atingida somente por atletas com alto nível cardiorrespiratório e aptidão aeróbico/anaeróbica elevada, que treinam há anos.

5.18.1. O que há de errado?

Dessa forma, um provável erro dessas distâncias informadas pelos nossos alunos parece estar relacionado à marcação dessas referidas distâncias, como por exemplo, odômetros de carros, GPS, bicicletas com odômetros de baixa qualidade ou até mesmo através da contagem de passos não aferidos corretamente.

5.18.2. O que fazer?

Uma sugestão é tentar correr em pistas de atletismo com medições oficiais da volta de 400 metros (também existem muitas pistas de atletismo com medições erradas) ou fazer a medição em um percurso livre com um odômetro calibrado, trena de rodinha de marcas recomendadas.

5.18.3 Conclusão

Cuidado para não se enganar com marcas atingidas em percursos com distâncias adulteradas. Elas podem estar subestimando o seu índice (você pode estar correndo mais do que a distância mostra). Ex.: você correu a distância marcada de 2.600 metros, mas a distância real foi 2.800 metros.

Ou elas podem estar superestimando o seu índice (você pode estar correndo menos do que a distância mostra). Ex. você correu a distância marcada de 2.800 metros, mas a distância real foi 2.600 metros.

5.19. Bolhas e calos nas mãos e o treinamento para barra

Alguns candidatos apresentam calos nas mãos ao realizarem treinamento para a flexão na barra fixa, principalmente aqueles que estão desacostumados a pegar pesado com trabalhos manuais.

Com os primeiros treinamentos, as bolhas e os calos começam a aparecer e como o aluno precisa continuar o treinamento, ele tem a necessidade de não interromper a pegada na barra, transformando os calos em feridas.

5.19.1. O que fazer?

A primeira coisa é a recomendação de usar luvas nos treinamentos.

Mas no dia do TAF não pode usá-las. Calma. Nossa experiência em mais de 20 anos de TAF nos ensinou muita coisa. A sua vitória é a nossa vitória.

Vamos lá.

Sim, no dia do TAF não pode usá-las. Mas o foco aqui é REALIZAR AS REPETIÇÕES NA BARRA FIXA e o TAF não verificará quem tem mais calos.

1) E com os calos nas mãos, o aluno vai precisar ficar em repouso para a recuperação e assim não vai treinar, interrompendo os ganhos fisiológicos da força dos músculos envolvidos na flexão da barra.

2) Como o TAF é feito sem luvas, sugerimos também para que ele adquira o costume de executar a flexão na barra sem luvas. Mas, nesse caso, sugerimos uma ou duas séries na semana. E assim que ocorrer o calejamento progressivo o aluno vai retirando as luvas aos poucos.

3) Não corte o calo, podendo causar sangramento e infecções. Coloque gelo no local para diminuir o inchaço e aliviar o desconforto e as dores.

4) Para o tratamento, tente usar medicamentos que não exigem receita médica, como o ácido salicílico, substância mais utilizada no tratamento de calos.

5) Outro produto tópico que ajudará no tratamento dos calos são os hidratantes que contenham ureia que ajudarão no amolecimento e na cicatrização.

Mas cuidado, não fique dependente de luvas. Elas vão te dar uma sensação maior de segurança ao empunhar com mais firmeza na realização da repetição na barra.

Também atenção na escolha das luvas. Escolha luvas que fiquem ajustadas. Luvas largas vão deslizar no interior delas e também ocasionando bolhas e calos.

Verifique se as luvas se encaixam firmemente, mas sem pressão excessiva a fim de não interromper a circulação sanguínea.

5.19.2. Conclusão

Lembrem-se, o foco é desenvolver a força muscular e não o desenvolvimento de calos. Mas não se esqueçam de que no dia não será permitido o uso das luvas. Ou seja, treinem de forma específica (sem luvas) desde que ela não impeça o treino principal ao causar a interrupção.

5.20. Dor lateral na barriga durante exercícios. Como evitar, o que fazer?

Nossa equipe explica tudo sobre essa dor chata que incomoda muitos candidatos em treinamento e durante o Teste de 12 minutos do TAF.

As diversas denominações para essa dor localizada na parte lateral da barriga (dor lateral, dor nos flancos, dor desviada, dor de veado, dor de burro, "Side Stitches") é tecnicamente denominada "dor abdominal transitória relacionada ao exercício". Sendo que essa dor desaparece quase que imediatamente após a parada do exercício.

5.20.1. Quais são as causas?

Ela é uma dor aguda localizada na parte inferior da caixa torácica, sendo causada por um espasmo muscular do diafragma. O diafragma é um músculo que desempenha um papel importante na respiração. Ele se estende através da parte inferior da caixa torácica. Na inspiração, a entrada do ar para os pulmões pressiona o diafragma para baixo. Na expiração, o diafragma se move para cima.

Outra explicação plausível seja de que essas dores são devidas à ação do fluxo sanguíneo das pernas colocando pressão sobre o diafragma na parte inferior, enquanto a respiração expande os pulmões e coloca pressão sobre o diafragma na parte superior, diminuindo o fluxo de sangue e oxigênio ao diafragma.

Uma terceira teoria é que ingerir excesso de comida e líquidos ou alimentos gordurosos antes dos exercícios prejudica o movimento descendente do músculo diafragma. Alimentos gordurosos têm uma lenta digestão, deixando o estômago cheio por maior tempo. O estômago cheio diminui o fluxo sanguíneo para o diafragma.

5.20.2. Quem sofre mais com essas dores?

As mulheres são mais susceptíveis do que os homens; os jovens são mais do que os mais velhos; e sujeitos menos condicionados do que os mais condicionados.

5.20.3. Como evitar?

Há muitas sugestões para evitar essas dores, mas o que funciona para uma pessoa pode ou não funcionar com a outra pessoa.

1) Antes de qualquer coisa, é preciso entender que o aluno precisa adquirir um melhor condicionamento físico através de um treinamento adequado. Se sua condição física está ruim, qualquer intensidade acima do seu nível poderá causar essas dores.

2) Realizar o fortalecimento dos músculos do CORE, como pranchas, três vezes por semana, fortalecem os músculos do diafragma fracos, tornando-os mais resistentes à fadiga e menos propensos às dores de lado. Além disso, um CORE fortalecido também irá ajudar na execução dos exercícios com mais eficiência e reduzir o risco às lesões.

3) Comer moderadamente antes dos exercícios. São recomendadas refeições leves com baixo teor de gordura, cerca de 1 a 2 horas antes do treino ou da competição. Esse lanche deve ser composto principalmente de carboidratos e líquidos sem açúcar. Estudos também descobriram que os sucos de frutas e bebidas ricas em açúcar pode contribuir para essas dores.

4) Durante o exercício, expire e inspire pela boca para facilitar a maior captação de oxigênio e posterior maior oferta ao diafragma.

5) Tenha um ritmo respiratório durante o exercício (duas inspiradas e duas expiradas). Não inspire e expire aleatoriamente.

6) Cuidado também com o excesso de ingestão de líquidos durante o exercício. Beba de 150 a 200 ml a cada 10-15 minutos para uma melhor absorção de líquidos em comparação com o consumo de grandes quantidades.

5.20.4. O que fazer, caso eu sinta essas dores durante a corrida?

Ao se sentir a dor, basta interromper a causa, ou seja, interromper o exercício (passar a caminhar ou diminuir a velocidade da corrida), então se inclinar para frente. Em seguida, após o fim da dor, retomar a atividade.

Caso esteja realizando o teste físico de 12 minutos e claro, não possa diminuir a velocidade, é tentar alongar o diafragma através da respiração forçada, durante a corrida. Inspire fundo para forçar o diafragma para baixo. Então, segure a respiração por alguns segundos e depois expire com força com os lábios fazendo força impedindo que o ar saia para restringir o fluxo de ar para fora. Tente fazer isso também se inclinando para frente. E lógico, sem se desequilibrar e cair.

5.21. O Exercício Físico pode melhorar seu desempenho nos estudos?

Estudos mais recentes com métodos de avaliação mais precisos como a tomografia computadorizada e análises bioquímicas avançadas estão demonstrando que o exercício pode fazer você ter maior desempenho cognitivo. Transformando em dados, você pode aprender 20% mais rápido imediatamente após se exercitar.

Entende-se, ainda, como desempenho cognitivo aquele compreendido pelas fases do processo de informação cerebral, como a percepção, a atenção, a vigilância, a aprendizagem, a memória, o raciocínio e solução de problemas.

5.21.1. Qual a explicação fisiológica?

Parece que cada vez que você se exercita, a musculatura esquelética envia sinalizadores bioquímicos que atravessam a barreira do cérebro para estimular a produção de fator neurotrófico derivado do cérebro ou BDNF (Brain-Derived Neurotrophic Fator).

Esse BDNF é determinante para a melhora da atividade cerebral.

Parece que o BDNF é uma espécie de "adubo" para a neuroplasticidade causando a formação de novos neurônios, facilitando a comunicação com os outros, melhorando os processos cognitivos, como a memória e o raciocínio.

O BDNF é uma proteína que está presente no cérebro que se liga aos receptores dos neurônios através de sinapses, aumentando subsequentemente a força da transmissão do sinal no cérebro, fazendo com que ele trabalhe com maior capacidade.

Existe uma ligação entre hormônios de crescimento e a função do cérebro. O hipocampo é o centro da memória e aprendizagem e ele é facilmente afetado por certos hormônios, como o fator neurotrófico derivado do cérebro (BDNF), o fator de crescimento endotelial vascular (VEGF) e a fator de crescimento semelhante à insulina-1 (IGF-1).

Quando o sujeito se exercita, há maior produção do BDNF, o VEGF e o IGF-1, que também aumenta a função de memória no hipocampo.

Além da maior produção de BDNF, o exercício físico também produz maior serotonina, que é um neurotransmissor essencial para o foco, concentração, além de maior a autoestima e bem-estar emocional.

5.21.2. O que dizem os estudos?

Um estudo conduzido por Leckie et al, mostrou que idosos que caminharam por 40 minutos tiveram melhora significativa nos níveis de BDNF e da função cognitiva.

Uma análise de 18 estudos que investigaram a relação entre atividade física e inteligência mostrou que o funcionamento cognitivo foi significativamente melhorado, independentemente do tipo de exercício aeróbico realizado.

A principal conclusão foi que o exercício é uma chave para aumentar os níveis de BDNF no hipocampo em uma área vital para a memória, resolução de problemas e aprendizagem.

Mais pesquisas também parecem apoiar a ideia de que o exercício físico estimula o crescimento de células neurais dos lobos frontais do cérebro, áreas responsáveis pela organização de multitarefas, tomada de decisões, planejamento futuro.

Mas calma aí, apenas os exercícios aeróbicos mostraram efeitos benéficos.

Apenas os exercícios físicos aeróbicos foram associados à uma melhor cognição. Foi o que pesquisadores suecos mostraram com mais de 1 milhão de jovens entre 15 e 18 anos (Aberg et al) e por pesquisadores americanos, que publicaram em um dos jornais mais conceituados do mundo: a Nature (Hillman et al).

Para os pesquisadores, somente exercícios aeróbicos demonstraram promover maior oxigenação do cérebro, causada por um melhor condicionamento cardiopulmonar. Exercícios de força, como musculação, não demonstraram o mesmo efeito na melhora cognitiva.

Estudos recentes também indicaram que a realização de testes padronizados de matemática foi altamente correlacionado com maior nível de aptidão física aeróbica.

E não precisa correr longas distâncias ou em grande tempo. Uma caminhada ou corrida moderada de 30 minutos, três vezes por semana, já provoca impacto positivo logo no primeiro mês.

Seja regular...

Mas, como tudo, ou use-o ou perca-o. Se você faz exercício regularmente, mas passa um mês sem realizar nenhum exercício, essa pausa parece ter o feito deletério em causar a diminuição dos neurônios.

5.21.3. Conclusão

Portanto, você acha que ao ficar mais tempo estudando, você esteja levando vantagem em relação ao seu amigo(a) que foi se exercitar, repense seus conceitos. É provável que ele, quando voltar do exercício físico, estará com a capacidade mental melhor do que você, que passou mais tempo na frente dos livros.

Ou seja, para quem acha que vai perder tempo ao fazer exercício, na verdade está ganhando mais inteligência e saindo na frente dos concorrentes. Quem fica sentado estudando o dia inteiro e não se exercita, está deixando de melhorar a inteligência.

E aos candidatos que precisam treinar para o TAF de concursos que exigem testes físicos para o ingresso, também aproveitem e aliem a necessidade obrigatória de treinar com a vantagem dos benefícios do exercício físico para a maior capacidade mental.

5.22. Exercícios, calor e umidade do ar

Muitos alunos, pela falta de tempo, acabam treinando no calor, principalmente nos horários de sol a pino, o que além de não ajudar na melhora do condicionamento físico, pode causar distúrbios térmicos graves. Devemos ter uma grande preocupação em relação à prática de exercícios físicos e o calor em cidades quentes e Umidade Relativas do Ar elevada, em cidades como Rio de Janeiro, Manaus ou cidade com a Umidade Relativa do Ar baixa, como Brasília, Goiânia etc.

5.22.1. Exercícios no calor e em cidades com clima úmido

Quando a temperatura do ambiente estiver quente e Umidade Relativa do Ar (URA) estiver alta, maior será a temperatura interna do organismo durante a prática de exercício.

Durante a realização de exercícios, a taxa de produção de calor do corpo é aumentada de 5 a 20 vezes, dependendo da intensidade do exercício. Como 2/3 da energia utilizada no trabalho muscular é perdida sob a forma de calor, isto resulta numa corrente contínua de calor que flui do interior do organismo para a pele para trocar calor com o meio ambiente, por condução, convecção e principalmente pela evaporação (suor).

Porém, quanto mais úmido for ambiente, mais comprometida fica a troca de calor do corpo com o ambiente pela ineficácia da evaporação do suor ao permitir o resfriamento do corpo nestas situações extremas.

Como consequência, a temperatura interna do corpo pode atingir níveis perigosos (> 40ºC). Além disso, substancial perda de líquidos ocasiona a desidratação intensa (perda maior do que 3% do peso corporal), induzida pelo exercício, causando uma hipertonicidade dos fluidos do corpo e prejudicando o fluxo de sangue para a pele, já que pode ocorrer uma grande perda de líquido corporal por meio do suor (que não se evapora devido à alta umidade). Observando estes fatores, percebe-se que o aumento da temperatura corporal e desidratação representa um risco potencial para o desenvolvimento de desordens relacionadas ao sistema termorregulador, podendo, inclusive, ameaçar a vida, como cãibras, exaustão, intermação e a morte.

5.22.2. Exercícios no calor em cidades com clima seco

Já nos casos em que a URA está baixa, como em Brasília e Goiânia, a preocupação é, na verdade, um excesso de evaporação. Ou seja, o aluno pratica a atividade física e "não vê" o suor na pele e acha que está tudo bem. O que na verdade está acontecendo é uma troca de calor muito grande com o ambiente, e com o excesso de evaporação ocorre uma perda de líquido muito grande e uma consequente desidratação.

5.22.3. Medidas preventivas

Por isso, algumas medidas preventivas devem ser adotadas a fim de diminuir as possibilidades de distúrbios térmicos, tais como:

– Ingerir de dois a três copos de água meia hora antes do treino (aproximadamente 500 ml) e beber um copo de água (de preferência gelada) em intervalos durante a prática do exercício. Após o exercício, beba água à vontade de acordo com a sua sede e necessidade.

– Prefira a realização dos exercícios em horários em que a temperatura esteja amena, como no início do dia ou no final da tarde ou à noite.

5.22.4. Tratamento no caso de distúrbios térmicos

Nos casos de o aluno apresentar sintomas como: vertigens, fraqueza geral, pele seca e quente, temperatura corporal elevada, dor de cabeça e cessação da sudorese, ele provavelmente entrou em estado de exaustão ou intermação.

Algumas medidas são necessárias para o tratamento desses distúrbios térmicos, como:

– interromper o exercício imediatamente e procure um lugar na sombra;

– providenciar o resfriamento do corpo através de chuveiro com água fria;

– o resfriamento pode ser feito ainda ao se abanar o aluno, ou através de ventiladores ou ar condicionado.

– fazer a reposição de água;

Caso os sintomas não desapareçam, fazer a remoção imediata para algum hospital.

5.23. Sono e desempenho no TAF

Cada vez mais, observa-se concurseiros perdendo o sono por diversos motivos: trabalho noturno, trabalho até altas horas da noite, insônia, distúrbios do sono, e até mesmo, a diversão. Observamos que a perda do sono pode ser extremamente maléfica e ter efeitos desastrosos para você que está buscando passar nos testes físicos de um concurso.

Devido à antiga crença de que o sono afeta somente a mente e não o corpo, resolvemos buscar na literatura científica o que os estudos dizem a respeito da privação do sono no desempenho esportivo, metabolismo e emagrecimento.

5.23.1. Considerações fisiológicas

As duas principais vias de sono que afetam a liberação de hormônios são a via do eixo hipotálamo-hipófise-adrenal e a via do Sistema Nervoso Autônomo (SNA).

A liberação de hormônios por outras glândulas endócrinas e hormônios pelo eixo hipotálamo-hipófise-adrenal é bastante influenciado pelo sono, desregulando alguns hormônios como o hormônio do crescimento (GH), o cortisol (hormônio do estresse), corticotropina, entre outros.

Outra via através da qual o sono é influenciado é pela regulação endócrina através da modulação da atividade do Sistema Nervoso Autônomo. Durante o sono profundo, a atividade do sistema nervoso simpático é diminuída e a atividade do sistema nervoso parassimpático é aumentada.

A maioria dos órgãos endócrinos são sensíveis a mudanças nas atividades do SNA simpático e parassimpático. Por exemplo, perda de sono com a atividade simpática desregulada afetou a secreção de insulina, a liberação de leptina pelas células de gordura, um hormônio regulador da saciedade e do apetite, ocasionando o controle e a saciedade alimentar.

5.23.2. Sono e obesidade

Nos últimos anos, as evidências de grandes estudos epidemiológicos realizados em vários países indicaram a existência de uma associação negativa entre a duração do sono e IMC. Ou seja, quem dorme menos tem maior índice de obesidade (Vioque et al; Shigueta et al.; Vorona et al).

A redução do sono tem um impacto no gasto energético, muito em parte pela associação a diminuição do exercício físico voluntário e pela menor taxa metabólica de repouso.

Um outro estudo mostrou que quem teve uma média de cinco horas de sono teve um aumento da perda de massa muscular e queda do metabolismo de gordura em repouso em comparação a quem dormiu normalmente (sete horas) (Nedeltcheva et al.).

Sabemos que o excesso de gordura e a perda de massa muscular são fatores extremamente indesejáveis para os concurseiros.

5.23.3. Mas calma aí, não vá querer passar o dia inteiro na cama

Outros estudos indicaram uma diminuição do IMC com o aumento da duração do sono.

Um estudo interessante mostrou a relação entre a duração do sono e IMC, onde foi constatado que o tempo médio gasto na cama foi significativamente associada com o IMC em forma de U. Ou seja, quem dormiu pouco ou dormiu muito tinha alta relação com os índices de obesidade (Singh et al.)

Um estudo de revisão das principais pesquisas mostrou forte relação entre privação de sono e queda em diversos parâmetros desportivos, como: queda no tempo de reação, atenção, memória, aumento da irritabilidade e desconcentração, alterações metabólicas, sinais de cansaço, náuseas, dores articulares, redução da troca de calor (menor sudorese).

Embora ainda não haja certo consenso de que a privação de sono afete o desempenho aeróbio, é importante observar que diversos estudos mostraram que a redução das horas de sono promove um aumento da percepção subjetiva do esforço. Com uma menor percepção do esforço, há uma redução do tempo para a fadiga e consequentemente diminuem o desempenho aeróbio.

Um estudo conduzido por Martin mostrou que sujeitos que foram privados de sono por três dias, tiveram um efeito deletério de menor percepção de esforço com a perda de sono, com efeito posterior de menor tolerância ao exercício.

Mougin também relatou que aqueles que tiveram seu sono interrompido por um período de três horas, tiveram um menor consumo de oxigênio, frequência cardíaca maior e maior concentração de lactato durante o exercício intenso.

5.23.4. Conclusão

Claramente, a perda do sono não afeta somente o cérebro, mas também todo a parte física do corpo. Evidências recentes sugerem que a perda de sono, condição comum na sociedade moderna, pode ser um fator de risco para doenças crônicas, incluindo a obesidade e diabetes.

Ou seja, uma boa noite de sono entre sete e oito horas parece proporcionar os melhores efeitos para a composição corporal e desempenho esportivo e intelectual.

6
MÉTODO DE TREINAMENTO APROVATAF

Nós da equipe AprovaTAF planejamos a preparação do aluno para o desenvolvimento máximo das suas capacidades físicas, onde entre cada sessão de treino não haja intervalos muito grandes para que não ocorra a perda dos ganhos, bem como não se tenha intervalos curtos entre as sessões para que não ocorra o chamado *overtraining*, ou seja, seu corpo não sofra o excesso de treinamento e destrua os efeitos positivos do treinamento obtido.

O grande diferencial do treinamento realizado pela equipe AprovaTAF, foi basear os treinos de forma mais fiel aos princípios que orientam a arte da preparação física, tais como o princípio da adaptação, da sobrecarga, da continuidade, da interdependência volume-intensidade, e da especificidade, tudo para que você não perca o seu precioso tempo, pois sabemos que você gasta parte dele em frente aos livros.

Sabemos que o tempo entre o resultado dos aprovados e os testes físicos gira em torno de duas a quatro semanas. Se você deixar para a última hora, provavelmente terá grandes chances de ser reprovado. Por isso recomendamos que tenha em mente que uma boa preparação depende de um tempo mínimo de 12 semanas.

Pasmem: Já recebemos alunos que queriam iniciar os treinos faltando apenas 5 dias para os testes!! Adivinhem o resultado!!!

Diante disso, a AprovaTAF entende que um tempo menor do que 12 semanas de treinamento é extremamente perigoso, não só para uma possível reprovação, mas para a possível situação de o aluno se lesionar, devido ao excesso de treinamento que se submete em virtude da proximidade da realização dos testes, ao achar que quanto mais, melhor.

A duração de uma sessão de treino do AprovaTAF varia em média de 20 a 40 minutos.

6.1. Como treinar para a Corrida do TAF (Teste de 12 minutos)

O teste de corrida de 12 minutos ou o teste de 2400 metros é um dos testes que deixam os candidatos de "cabelo em pé".

Esse é o único teste físico cobrado em todos os editais e normalmente denominado de teste de corrida de resistência. É um teste que a avalia a condição cardiorrespiratória do candidato.

6.1.1. Diferenças do teste de corrida de resistência

Esse teste tem duas variações em relação à sua avaliação. A mais comum é na maneira de teste de 12 minutos, no qual o candidato deve percorrer uma distância mínima nesse tempo fixo.

A outra maneira é o teste de 2.400 metros, em que o candidato deve percorrer essa distância fixa em um tempo mínimo.

No entanto, os índices mínimos desse teste têm uma grande variação de um concurso para o outro.

6.1.2. Como treinar para a corrida?

Para melhorar o desempenho nesse teste, não basta sair correndo sem o controle de algumas variáveis do treinamento; não basta sair correndo, de qualquer jeito, em qualquer tempo, em qualquer velocidade.

Antes de mais nada é necessário entender que o candidato precisará não somente do componente da via aeróbica. Esse teste tem importante e, muitas das vezes negligenciada, a via anaeróbica.

A Equipe AprovaTAF baseia seus planos de treinamento na experiência técnica, profissional e principalmente na literatura científica.

É preciso treinar de forma adequada na dose ideal e de acordo com a periodização do volume-intensidade e na variabilidade de estímulos coerentes.

É importantíssimo periodizar o treinamento para a melhora da performance da corrida e aplicar alguns dos importantes princípios do treinamento desportivo, como o princípio da interdependência volume-intensidade, o princípio da sobrecarga, o princípio da especificidade, o princípio da continuidade. Importante também dar o repouso necessário para a recuperação adequada e posterior melhora do condicionamento aeróbico.

Além de tudo isso, aplicar os métodos de treinamento mais avançados baseados em estudos científicos.

6.1.3. Variação de estímulos

Seguindo a linha de raciocínio dos grandes treinadores russos, pensamos muito nos PRINCÍPIOS DE TREINAMENTO, que norteiam a prescrição dos exercícios.

E um deles que sempre levamos em consideração é o Princípio da Variabilidade.

Segundo o grande mestre Dr. Antonio Carlos Gomes, o Princípio da Variabilidade ou Princípio da Generalidade, fundamenta-se na ideia de um desenvolvimento global, o mais completo possível do indivíduo. Para isso devem-se utilizar as mais variadas formas de treinamento.

Quanto maior for a diversidade dos estímulos, desde que estes fiquem adequados com todos os conceitos de segurança e eficiência que devem reger qualquer atividade física, maiores as possibilidades de se atingir melhores resultados.

Dessa forma, baseado em estudos científicos, um dos métodos de treinamento que mais promove a melhora do rendimento na corrida é o Treino Polarizado, através da periodização de alto volume com alta intensidade semanal.

Após a adaptação músculo-articular do aluno, nós prescrevemos nas sessões de uma semana, esse treino chamado de Treino Polarizado, onde há uma combinação de exercício aeróbico de moderada intensidade para os benefícios cardiovasculares e melhor capacidade de recuperação nos intervalados; um treinamento intervalado de alta intensidade e um treino contínuo de alta intensidade e curta duração próximo ao limiar anaeróbico.

Esse tipo de Treino Polarizado revela que a combinação de treinos intervalados (HIIT) com treinos de altos volumes parece proporcionar as melhores adaptações para a melhora do consumo de oxigênio (Stoggi E Sperlich, 2014).

6.1.4. Exemplo de Treino polarizado

Dessa maneira, uma excelente forma adequada e correta de treinamento é, por exemplo, às segundas-feiras, realizar uma corrida longa de 30 a 40 minutos em uma intensidade de leve a moderada. Ou seja, de forma que você controle essa intensidade através do teste da fala. Isto é, se estiver respirando tranquilamente e ainda conseguir conversar normalmente ou cantar uma música enquanto se exercita.

No outro dia (na terça-feira), não faça nenhum exercício que envolva os músculos dos membros inferiores. É preciso dar o descanso adequado. Somente no momento da recuperação é que seu corpo se adapta e tem os ganhos fisiológicos. Acredite na ciência!

Na quarta-feira, faça o famoso Treino Intervalado, o famoso HIIT. Nosso coordenador técnico, Dr. César Marra, foi o 1º pesquisador do Brasil a investigar os efeitos dos exercícios em alta intensidade.

Então, nesse dia do Treino Intervalado, faça uma série de repetições em máxima velocidade seguidas de períodos de recuperação. Por exemplo, dependendo de sua condição física, faça entre oito a dez repetições de 200 metros de distância em máxima velocidade, seguidos de três minutos de intervalo entre cada "tiro". Ou seja, cada repetição representa um "tiro" e um período de descanso.

É importante relatar que após cada estímulo (tiro), ou seja, após a corrida em velocidade máxima, você vai precisar estar muito ofegante e com grande dificuldade para conversar. Somente dessa forma você vai adquirir uma excelente condição física para o Teste de 12 minutos dos TAF.

Importante também relatar que durante o período de recuperação, ou seja, logo após a corrida, recomendamos que o aluno diminua a velocidade e não fique parado. Recomendamos que o aluno caminhe ou trote bem lentamente durante os três minutos de intervalo. Isso se deve ao fato de melhor favorecer o bombeamento sanguíneo de volta ao coração.

No outro dia (quinta-feira), também não faça nada. Respeite o período recuperativo.

Na sexta-feira (ou no sábado), faça uma corrida contínua entre 12 e 15 minutos em moderada a alta intensidade. No treino de hoje, você também deve controlar a intensidade pelo teste da fala. Ou seja, você deve conseguir conversar com um pouco de dificuldade e a atividade vai parecer fatigante. Ou ainda, ter alguma dificuldade para falar e estar ofegante. Você vai precisar correr em uma velocidade maior do que a corrida de segunda-feira.

No domingo, também não faça nada muito intenso, pois na outra semana (segunda-feira), já tem novos treinos. No domingo, você poderá fazer algo relaxante como uma caminhada leve, ou alguma atividade leve, como andar devagar dentro de uma piscina.

Importantíssimo também ressaltar que, todo sujeito que deseja realizar esse treino precisa ter a liberação de um médico cardiologista, uma vez que é um treino bastante intenso e exige bastante do sistema cardiovascular do praticante.

6.1.5. Conclusão

Portanto, treine de forma específica, com a variação de estímulos e principalmente, de forma periodizada, ou seja, na quantidade ideal, nem mais, nem menos.

Saiba que a ciência do treinamento físico está em constante evolução e somente através dela podemos realizar a melhor prescrição dos exercícios.

E lembre-se: Você não precisa treinar muito. Precisa apenas treinar certo!

6.2. Treinamento para barra fixa

Considerado um dos testes mais difíceis, a barra fixa deixa muito concurseiro de "cabelo em pé". Saiba aqui algumas dicas para o treinamento para Barra Fixa.

A Equipe AprovaTAF tem a honra em dizer que a experiência em mais de 20 anos relacionada a Testes Físicos de concursos nos deu autoridade para dar dicas sobre a preparação física para o Teste de Flexão na Barra.

6.2.1. Dicas do treinamento para flexão na barra

Adaptação

Primeiramente é preciso ter em mente que o aluno somente conseguirá realizar a flexão na barra se tiver evolução no treinamento. Não adianta "querer fazer barra", se o aluno ainda não consegue nem sequer ficar pendurado.

Para se ter essa evolução, é preciso dar condições aos músculos envolvidos na flexão da barra se adaptarem dentro de um período de tempo.

Diversos tipos de treino existem para se ter essa adaptação. Se o aluno não consegue realizar a subida na barra, o treino em diagonal (vide foto abaixo) é um dos melhores exercícios para a adaptação.

Outro exercício bastante eficaz é o exercício na vertical, mas com ajuda das pernas através da colocação de um banco embaixo dos pés (vide foto abaixo). Essa ajuda das pernas irá auxiliar a execução para quem ainda não consegue realizar nenhuma repetição.

Outros exercícios também são importantes aqui na fase de adaptação como por exemplo, o exercício da barra em suspensão (vide foto abaixo). É preciso também desenvolver os músculos flexores dos dedos. Nesse exercício, o aluno se manterá apenas dependurado na barra, sem executar nenhuma flexão.

Um aspecto muito importante é saber a quantidade de repetições, o número de séries e a frequência semanal para cada exercício. Por isso falamos sempre em PERIODIZAÇÃO. É preciso ter cuidado para não haver o excesso de treino e levar o aluno a se lesionar. E ao mesmo tempo é importante saber dar a carga ideal para que o aluno tenha os estímulos necessários e assim os músculos envolvidos recebam as sinalizações para o aumento da força.

Portanto, uma ideia de periodização dessa fase inicial é ter nas duas a quatro primeiras semanas uma boa adaptação como por exemplo, três a quatro séries de oito a 12 repetições de carga leve a moderada (se consiga chegar entre oito a 12 repetições sem dificuldade).

6.3. Carga e sobrecarga

Após esse período de adaptação, agora é hora de colocar os músculos para "ralar". Agora chegou a hora de trabalhar de verdade a musculatura.

6. MÉTODO DE TREINAMENTO APROVATAF

É nessa fase que se aplicará cargas elevadas para que o músculo se desenvolva. Ou seja, o aluno terá que pegar pesado em cada exercício. Pois somente através de estímulos em alta intensidade o corpo terá sinalizações para o desenvolvimento da força pura.

Assim, as séries devem ser aumentadas, como por exemplo, cinco a seis séries de quatro a seis repetições até a falha muscular. É muito importante em cada série o aluno chegar até a exaustão, que será a grande chave para que ele consiga "fazer a barra" posteriormente.

E a cada período de duas a quatro semanas é preciso aumentar a carga, ou seja, fazer a sobrecarga. É preciso colocar uma carga maior em relação a anterior.

Essa fase de Carga e Sobrecarga sempre estará presente durante todo o treinamento. O aluno precisa manter esse treino continuadamente.

Os exercícios anteriores da fase de adaptação deverão ser mantidos (diagonal, com banco e suspensão). Mas outros deverão ser acrescentados como o Exercício de Isometria (vide foto abaixo). Esse exercício é um dos melhores treinos para dar a força necessária em cada ângulo específico. Ele consiste em ficar um determinado período de tempo (ex. dez segundos) em uma determinada angulação (por exemplo 90° graus). Não deixe de treinar esse exercício. Ele vai te surpreender no desenvolvimento da força.

E também não poderia faltar e logicamente, o treino da barra propriamente dita. Ou seja, o treino de "fazer a barra" completamente (vide foto abaixo) deve ser incluído nessa fase.

Outro aspecto muito importante nessa fase é dar o descanso adequado. Quando se treina com muita carga é preciso dar, no mínimo, 48 horas de repouso ao músculo, para que ele possa se desenvolver.

Por isso, renegamos qualquer treino que fuja da especificidade. Não adianta fazer treino funcional, ou treino com corda, ou cheio de firulas. Se você não pegar na barra, com certeza não fará barra. O músculo não é burro!!!

6.4. Teste de flexão abdominal

Um dos testes físicos bastante comum nos TAF é o teste de Flexão Abdominal.

Porém, ele tem uma variação enorme entre os editais, tanto na forma de execução, como no tempo de execução.

Em relação à diferença na execução, as quatro formas mais cobradas nos testes previstos são as seguintes:

1) flexão abdominal com mãos atrás da cabeça ou na nuca.

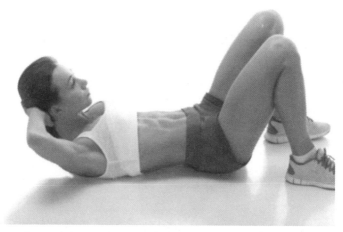

flexão abdominal com mãos atrás da cabeça ou na nuca

2) flexão abdominal com as mãos cruzadas a frente do corpo.

flexão abdominal com as mãos cruzadas a frente do corpo

3) flexão abdominal remador.

flexão abdominal remador

4) flexão abdominal supra.

flexão abdominal supra

Além dessa variação da forma de execução, outra grande variação é em relação ao tempo de execução.

Alguns editais cobram a execução sem tempo limite, ou seja, o candidato deverá executar o máximo de repetições possíveis, requerendo elevada resistência muscular localizada.

Outros editais estipulam um tempo limite. Os mais comuns variam de 30 segundos a 1 minuto, requerendo, dessa forma, potência muscular.

Assim, a Equipe AprovaTAF alerta que o tipo de treinamento para esse teste deve ser bem planejado para que o candidato treine de forma adequada e atinja a valência física requerida no teste do edital (resistência muscular ou potência muscular).

Esteja atento ao seu treinamento para não treinar erradamente. E lembre-se: você não precisa treinar muito. Precisa apenas treinar certo.

6.5. Teste de flexão de braços no solo

Muitos ainda se perguntam sobre o que fazer para passar nos testes físicos de flexão de braços ou também chamado de apoio de frente sobre o solo.

Esse teste físico comumente exigido nos TAF é o chamado de Flexão de Braços no solo. Porém, é popularmente chamado de apoio de frente ou apoio no solo.

O argumento da cobrança desse teste nos editais é que o servidor público deverá ser possuidor de uma boa resistência muscular de braços, potência muscular nos membros superiores, pois, dependendo de sua função, ele será forçado a saltar obstáculos, transportar vítimas (Bombeiros, Policiais etc.), empurrar obstáculos etc.

6.5.1. Variação de cobrança nos editais

Esse teste de flexão de braços tem uma variação enorme entre os editais, tanto na forma de execução (principalmente para o sexo feminino) como também há grande variação no tempo de execução.

Em relação à diferença na execução, as três formas mais cobradas nos testes previstos são as seguintes:

1) Flexão de braço no solo em quatro apoios. Ou seja, apenas devem tocar no solo as duas mãos e as duas pontas dos pés.

Flexão de braço no solo em 4 apoios.

2) Flexão de braço no solo em seis apoios (com apoio dos joelhos). Ou seja, devem tocar no solo as duas mãos, as duas pontas dos pés e os dois joelhos.

Flexão de braço no solo em 6 apoios (com apoio dos joelhos).

3) Flexão de braço no solo em seis apoios (com apoio dos joelhos em um banco). Essa execução é normalmente cobrada para o sexo feminino. A execução deve ser realizada com as duas mãos e as duas pontas dos pés no solo, sendo que os joelhos devem estar apoiados em um banco. Geralmente, os editais especificam a execução com os joelhos devendo estar apoiados próximos à borda do banco sueco de aproximadamente 36 cm de altura.

Flexão de braço no solo em 6 apoios
(com apoio dos joelhos em um banco).

Em relação a quantidade de repetições, é vista uma variação de 15 a 30 repetições para o sexo feminino e 25 a 40 para o sexo masculino. Alguns com tempo estipulado, normalmente, de um minuto. E outros editais exigem o máximo de repetições sem tempo determinado.

6.5.2. Treinamento

A primeira dica é que se o indivíduo estiver com alto percentual de gordura, esse excesso de peso (obesidade) irá dificultar as execuções.

Portanto, inicialmente é necessária a redução dessa massa gorda através de um programa de treinamento de exercícios cíclicos e um plano de reeducação alimentar.

Importante também treinar certo. É preciso treinar os músculos envolvidos na flexão de braços no solo, como o peitoral, ombro e tríceps, objetivando principalmente a força e a resistência muscular localizada, buscando-se observar as limitações e dificuldades individuais na execução de cada exercício, de forma a maximizar o rendimento e evitar futuras lesões, respeitando-se a individualidade biológica.

Os candidatos que têm dificuldade de fazer com o corpo já na horizontal (apenas em quatro apoios), podem adotar a execução com o corpo inclinado apoiado em algum banco ou barra, conforme foto abaixo, ou até mesmo iniciar os treinamentos com o auxílio dos joelhos (seis apoios), vide foto acima.

Flexão Inclinada.

E após, levando-se em consideração o princípio da especificidade, treinar as flexões de braço no solo com séries variadas e de acordo com o nível de condição física do candidato.

6.5.3. Mais uma dica

É importante que os exercícios sejam feitos corretamente, pois no concurso a banca irá cobrar a execução perfeita.

6.6. Teste de impulsão horizontal

Um dos testes bastante negligenciado, mas que merece muita atenção é o teste de salto horizontal. Nos TAF de diversos concursos onde ele é cobrado, o teste de salto horizontal é exigido de duas diferentes formas de execução: Teste de impulsão horizontal parado ou Teste de impulsão horizontal em movimento.

O candidato deverá posicionar-se em pé, estático, pés paralelos atrás da linha de medição inicial.

A execução merece muita atenção, pois o candidato deverá saltar à frente com movimento simultâneo dos pés.

A aferição da distância saltada será a partir da linha de medição inicial, a qual será computada na marcação, até o ponto referente a qualquer parte do corpo do candidato que tocar o solo mais próximo da linha de medição inicial. Ou seja, se o candidato se desequilibrar para trás, a distância a ser marcada é a local de contato da mão ou dos glúteos.

Um dos principais erros dos candidatos é queimar o salto. Ou seja, ele chega erradamente e ultrapassa o permitido da tábua de impulsão. O problema é que normalmente os editais preveem apenas duas chances ao candidato. Então, qualquer vacilo pode eliminar o candidato.

Outro problema é oposto ao de cima. O candidato tenta se precaver tanto que pisa bem antes da tábua de impulsão, perdendo bastante espaço para a distância total a ser saltada. E acaba não alcançando a marca mínima.

6.6.1. Então o que fazer?

Para não queimar o salto ou não pisar muito antes da tábua de impulsão, existem algumas técnicas para realizar esse ajuste para a corrida de aproximação. A finalidade de confecção da marca é fazer com que o candidato atinja a tábua com exatidão, com o pé de impulsão.

Teste de impulsão horizontal em movimento.

Vamos explicar.

Para ajustar a corrida de aproximação, uma das técnicas que mais recomendamos é a corrida inversa, pela simplicidade e eficácia.

Para esse ajuste, ele vai precisar de ajuda de algum amigo. Ou seja, o candidato se posiciona sobre a tábua de impulsão de costas para a caixa de areia e de frente para a pista de corrida.

Ao se posicionar em cima na tábua de impulsão, ele deixa alguns centímetros (três a quatro centímetros) do calcanhar para o limite final da tábua (margem de segurança).

Agora, o seu amigo vai se posicionar na pista de corrida, mais ou menos a 20 a 25 metros da posição onde o candidato está (em cima da tábua de impulsão).

Então, o candidato sai em máxima velocidade na direção do amigo, partindo com a perna contrária a perna de impulsão. Ou seja, se ele é destro, a primeira passada é pisando com o pé direito no chão.

Ao chegar próximo ao amigo, o candidato deve passar por ele em máxima velocidade. Nesse momento, o amigo deve estar agachado e marcar o ponto exato da pisada com o pé esquerdo no chão. Ao observar esse ponto, o amigo deve imediatamente fazer uma marcação com um giz, ou com algum objeto.

Lembrando que se o sujeito for canhoto, ele deverá fazer o procedimento acima de forma invertida.

Pronto!!! Ao ser marcado esse ponto de saída, o candidato deverá partir dessa marcação para os próximos saltos nesse dia de treinamento.

Lembrando que o candidato deverá sair com a perna contrária à de impulsão.

Cabe ressaltar que esse ponto de marcação não é fixo e deverá ser refeito em todo treinamento. Pois a cada novo treinamento, o candidato vai alterar a sua velocidade (ganho de potência) e com isso o ponto de marcação não será o mesmo.

6.6.2. Como treinar para esse teste físico?

Para cada tipo de teste (parado ou em movimento) são necessários treinamentos diferenciados e específicos. As técnicas de execução dos dois testes são diferentes.

Diante disso, o candidato precisará ter uma periodização do treinamento de forma que ele desenvolva principalmente a potência muscular dos membros inferiores bem como a execução da técnica para o teste previsto.

Para isso, um dos treinamentos que mais desenvolverá a capacidade para esses testes é o treino de PLIOMETRIA. A pliometria consiste em exercícios que utilizam o reflexo de alongamento, seguido de uma contração, para produzir uma reação explosiva.

Treino de Pliometria

A pliometria pode ser realizada com exercícios que utilizam o peso corporal e de um banco com altura variável. Ao se realizar o salto e chegar ao solo, a força da gravidade gera uma grande sobrecarga excêntrica. E imediatamente após, ocorre o salto contra a gravidade, gerando uma grande sobrecarga concêntrica.

Esse ciclo alongamento-encurtamento dá excelentes resultados para a melhora da potência muscular e consequentemente melhor desempenho nos saltos de impulsão.

Mas, atenção. Para esse tipo de treinamento é muito importante o candidato ter uma periodização bem feita, pois o mesmo pode ocasionar lesões se ele for realizado em excesso. Além da necessidade de um bom fortalecimento das articulações.

6.7. Teste de meio sugado

Um dos testes bastante negligenciado no TAF é o teste de Meio Sugado. Mas ele merece muita atenção, pois o mesmo acaba reprovando bastante (ou por erros na execução, ou por falta de condicionamento físico específico).

Ele é um teste que visa avaliar a coordenação, a resistência muscular anaeróbica e agilidade.

É um teste que exige bastante do candidato, pois ele precisará fazer agachamentos profundos, extensão e flexão completas dos membros inferiores, manutenção do corpo ereto na posição horizontal.

Geralmente, nos editais dos concursos, esse teste tem um tempo limite de execução, que normalmente é de um minuto e o candidato deve executar um número mínimo de repetições nesse tempo determinado. Os números de repetições variam entre os sexos.

Aí vem o primeiro problema.

Como existe um tempo limite, muitos candidatos tentam agilizar cada repetição e acabam errando em alguns pontos da execução correta, onde o avaliador acaba não contabilizando a execução errada.

Por exemplos, os erros mais comuns são:

1) Não colocar os joelhos a frente das linhas dos braços no agachamento (descida inicial) "figura 2 da esquerda para direita."

2) Não estender completamente o corpo, deixando o quadril levantado e encurtando o posicionamento dos pés. "Figura 3 da esquerda para a direita."

3) Não deixar o corpo completamente estendido no momento da subida (posição em pé). "Figura 5 da esquerda para a direita."

6.7.1. Aqui vão alguns conselhos

1) Tente executar cada repetição de forma perfeita. Não tente enganar o avaliador e "se poupar". Pois cada repetição mal executada, o candidato precisará repetir o movimento completo novamente (desde a posição inicial). O que acarretará perda de tempo e maior desgaste físico e emocional do candidato.

2) Controle o ritmo de execução para que você faça as repetições nem muito rápido (e acabar errando na execução) e nem muito lento (e acabar não conseguindo o número mínimo de repetições).

3) E lembre-se: Treine de forma específica e periodizada esse exercício. Saiba dar os estímulos necessários e o descanso adequado.

Existem diversos tipos de treinamento específicos, para que o candidato possa executar a técnica correta, além de exercícios que visam melhorar a aptidão anaeróbica para a alcançar o número mínimo exigido nos editais.

Portanto, não negligencie o teste de Meio Sugado.

7
MÉTODO DE TREINAMENTO ON-LINE APROVATAF

Em nosso site www.aprovataf.com.br, você poderá treinar conosco para diversos concursos no Brasil.

Através do nosso sistema, você terá LIBERDADE para treinar quando e onde quiser.

Você terá uma excelente QUALIDADE nos treinamentos através de planilhas e videoaulas preparadas por uma Equipe de Mestres e Doutores em Educação Física e com experiência em TAF há mais de 20 anos.

Você treinará o que precisa ser treinado, visando aos testes físicos previstos no edital do seu concurso. Isso mesmo!!! Cada plano de treinamento é diferenciado para cada concurso separadamente.

E ainda, você economizará TEMPO e DINHEIRO.

Você pode ter certeza que vai encontrar aqui o que há de melhor na arte da preparação física para concursos.

A sua aprovação é a nossa missão!

7.1 Algumas das inúmeras vantagens em treinar on-line com o sistema AprovaTAF

1) Variedade de Cursos

Nós, da AprovaTAF, personalizamos o seu treino para cada concurso separadamente, de acordo com os testes previstos em cada edital.

2) Teste Gratuitamente

Tenha um plano de corrida de 12 semanas gratuitamente.

3) Aulas On-line

Treine por conta própria, através de nossas videoaulas ONLINE preparadas por uma equipe com mais de 20 anos de experiência, onde centenas de alunos já foram aprovados.

4) Custos

Você terá um curso completo com custo bem abaixo das aulas presenciais (uma economia de R$ 11.920,00). Treine por apenas R$ 99,90 (pagamento único).

Entenda como funciona nosso sistema de aulas on-line (www.aprovataf.com.br)

– Primeiramente, preencha o cadastro padrão em nosso site.

– Após, faça uma avaliação rápida de sua aptidão física. Esta será sua triagem.

– Através dessa triagem, você terá uma pontuação que determinará o seu nível de aptidão física e você será selecionado para o curso ideal.

– Pronto. Assista às nossas videoaulas onde e quando quiser.

Agora é hora de pôr tudo em prática. E bons treinos.

Você pode ter certeza que vai encontrar aqui o que há de melhor na arte da preparação física para concursos.

8
DICAS DO ESPECIALISTA

Um dos maiores problemas dos concurseiros às carreiras militares e policiais é saber que precisam treinar para os testes físicos e a dificuldade em conciliar tempo para estudar e/ou trabalhar.

Seguem algumas dicas preciosas que, diante de nossa grande experiência em treinamento físico para concursos, servirão para orientar o aluno que deseja se preparar para os Testes de Aptidão Física (TAF) de concursos públicos.

Dica 1. Prepare-se com antecedência. Um dos maiores erros é o candidato deixar para se preparar apenas após a notificação da aprovação intelectual. O tempo médio entre a notificação da aprovação intelectual e o TAF é de três a seis semanas. Esse tempo é muito curto para uma preparação ideal. Sabemos que um tempo razoável de um treinamento físico para concurso é de 12 semanas com a finalidade do desenvolvimento das capacidades físicas do aluno. Pasmem: Já recebemos alunos que queriam iniciar os treinos faltando apenas cinco dias para os testes!! Adivinhem o resultado!!!

Dica 2. Procure especialistas no assunto. Outro grande erro é o aluno achar que o teste é de fácil realização e acabar deixando de lado o treino bem planejado. Somente nos dias que antecedem o teste o aluno procura ajuda profissional. No entanto, esse prazo fica mais curto ainda.

Dica 3. Um dos maiores vilões dos TAF é o teste em barra fixa. Sem dúvida, a barra é a que mais reprova. Em alguns concursos é exigido a execução da flexão na barra para ambos os sexos. Em outros concursos é exigido apenas para o sexo masculino. Pela grande falta de prática desse exercício por parte dos candidatos, a execução desse teste torna-se extremamente difícil. Por isso, é de fundamental importância o candidato iniciar com antecedência o treinamento correto e bem planejado para esse teste, bem como um programa de redução da gordura corporal para que seja facilitada a subida na barra.

Dica 4. Outra pedra no sapato dos candidatos é o teste de corrida de resistência. Dependendo do edital, esse teste consiste em percorrer uma distância mínima em 12 minutos ou um tempo mínimo na prova de 2.400 metros. Como esse teste está sempre presente nos editais, ele deixa muito candidato preocupado. Para melhorar o desempenho nesse teste, não basta sair correndo sem o controle de algumas variáveis do treinamento. O candidato precisará não somente do componente da via aeróbica. Esse teste tem importante e, muitas das vezes negligenciada, a via anaeróbica. A Equipe AprovaTAF baseia seus planos de treinamento na experiência técnica, profissional e principalmente na literatura científica. Dessa forma, baseado em estudos científicos, um dos métodos de treinamento que mais promovem a melhora do rendimento na corrida é o TREINO POLARIZADO, através da periodização de alto volume com alta intensidade semanal.

Dica 5. Treine regularmente e adequadamente. O segredo para a aquisição da famosa aptidão física exigida é a regularidade aliada a um plano de treinamento bem periodizado. Essa dica parece óbvia, mas muita gente não consegue manter a regularidade dos treinamentos por motivos diversos como: a falta de tempo (muitos trabalham e estudam o dia inteiro); falta de área para treinar; falta de um plano de treinamento adequado; não visualização de melhoria de rendimento, entre outros. Com os planos da AprovaTAF, o aluno conseguirá adequar o tempo ao treinamento, pois com o sistema de videoaulas totalmente online, ele/ela poderá treinar quando e onde quiser, sem necessidade de academia. Além disso, com as planilhas de treinamento meticulosamente preparadas, o aluno não perderá seu tempo precioso com firulas. Treinará o que deve ser treinado, nem mais e nem menos.

Dica 6. Respeite o tempo para descanso do corpo. Saiba que os ganhos fisiológicos acontecem tanto no treino bem realizado, mas principalmente no descanso. Treinar demasiadamente, além de não ocorrer os ganhos necessários, o aluno poderá se lesionar e não conseguir realizar as provas adequadamente nos dias do TAF. O problema é que muitos deixam para treinar em um espaço de tempo curto para o TAF. E aí para correr atrás do tempo perdido, muitos acham que o treino em demasia irá compensar esse atraso. Com os planos da AprovaTAF, o aluno conseguirá treinar de forma específica e ter o descanso necessário através de planilhas meticulosamente preparadas.

Dica 7. Treine de forma específica. Treine sem firulas. A Equipe AprovaTAF preparou os planos de treinamento para que cada aluno treine de forma mais específica possível baseada nos editais dos concursos. Não preparamos planilhas de treino geral. Por exemplo, se tem o teste de flexão na barra, tem que haver um planejamento da periodização do treino da flexão na barra. Parece lógico, mas observamos que muitos treinam de forma errada e muita das vezes, nem tocam na barra. Estude bem seu edital. Leia todas as entrelinhas que detalham a execução dos testes físicos previstos em seu concurso. Veja qual a sequência dos testes, qual é o primeiro teste. Saiba o horário (manhã, tarde). Veja qual a duração de intervalo entre cada teste. Isso faz muito a diferença.

Dica 8. Faça simulações. Quando já estiver adaptado ao treino, faça simulações do TAF que você irá enfrentar. Prepare-se seu corpo e sua mente como se fosse um dia real de prova.

Dica 9. Não invente na semana do TAF. Cuidado com as "dicas" de "amigos". Muitos estão desesperados e leram ou ouviram que comer tal alimento, ou ingerir tal "pílula ou pó mágica" irá fazer "voar" nos testes. Cuidado. Seu organismo pode reagir de forma negativa e você poderá passar mal. Não existe nada que fará seu corpo ter um melhor desempenho do que o treinamento físico regular bem planejado.

Dica 10. Cuide de sua alimentação. Um dos maiores fatores que prejudicam a aptidão física é o excesso de peso. O candidato sofre muito mais ao carregar o excesso de peso em inúmeros testes físicos como a corrida de 12 minutos, flexão na barra, flexão abdominal, Shutte Run, meio sugado etc.

Ao se aliar os exercícios físicos bem planejados com uma alimentação saudável, a redução da gordura corporal facilitará um melhor desempenho. Portanto, cuide de sua alimentação. Caso sinta necessidade, procure um profissional de nutrição esportiva.

Dica 11. Não economize na sua preparação física. Invista em materiais esportivos adequados para a prática da atividade física. Além de melhorar sua performance, também evitará lesões. Exemplos, um tênis adequado para corrida, vestimentas leves (shorts, bermudas, camisas *dryfit*), garrafinhas de água para hidratação etc.

Se você não economizou nos livros, cursinhos para a sua aprovação intelectual, por que economizar agora?

Dica 12. Treine de preferência em horários de sol baixo (início da manhã ou no final da tarde). Evite treinar com o sol a pino para evitar os efeitos negativos do calor, pois, além de não render no treino, pode passar mal. Além disso, em cidades com altos índices de umidade relativa do ar, os efeitos com a combinação de alta temperatura podem ser letais devido à baixa capacidade de evaporação do suor e eliminação do calor.

9
DICAS PARA O DIA DO TAF

Muitos candidatos ainda têm muitas dúvidas sobre o que fazer nos dias que antecedem os testes físicos. Escrevemos aqui algumas dicas importantes para o que fazer na semana do TAF.

Não treine na semana dos testes.

Como o TAF é realizado em altíssima intensidade, é extremamente necessário e fundamental deixar o corpo pronto para a realização dos testes. Dessa forma, não realizar nenhuma outra atividade física intensa nos outros dias dessa semana parece ser o mais indicado.

O que era para ser treinado, já foi. Nessa semana do TAF, nenhum treinamento adicional irá surtir efeito. Pelo contrário, algum treinamento em excesso poderá diminuir o desempenho. Portanto, faça apenas os testes. Essa semana é preciso dar o descanso necessário para a realização dos testes.

Normalmente os testes físicos são realizados nos dias do fim de semana. Ou seja, o último treino intenso deve ser no fim de semana anterior ao TAF.

Dessa forma, nos quatro dias que antecedem o TAF é extremamente importante o aluno não treinar em alta intensidade, deixando esses dias livres para o DESCANSO RECUPERATIVO e preparação para o TAF.

Nesse caso (nos quatro dias anteriores), você pode, no máximo, dar uma caminhada/trote bem leve, realizar alguma atividade de relaxamento na piscina, mas nada com muita intensidade.

9.1. Leia atentamente o edital do seu concurso

Muitos candidatos sequer sabem quais são os testes que vão ser realizados nos dias do TAF. Alguns editais fazem os testes previstos em dois dias seguidos (por exemplo, sábado e domingo). Outros fazem todo o TAF em apenas um dia e outros editais realizam o TAF em três dias.

Portanto, prepare-se para os testes de acordo com o número de dias previstos em seu edital.

9.2. No dia anterior, deixe tudo pronto

Arrume seu material antes. Deixe na noite anterior, o material necessário para a realização do TAF. Já deixe separados os tênis, calção, bermuda feminina, roupa leve, meia, sunga, garrafinha de água, relógio com cronômetro...

De preferência, utilize o mesmo material que você já vem treinando e que você provavelmente irá utilizar no dia do TAF propriamente dito. Isso faz muita diferença.

Durma cedo e se alimente normalmente.

Nada de tomar comprimidos mágicos. Isso pode fazer você passar mal. Muitos candidatos relatam problemas em relação a isso.

9.3 Dicas para o dia do teste

Coloque o relógio para despertar, considerando o tempo de deslocamento para o local dos testes, trânsito etc. Tome um café da manhã com frutas, sucos e pães leves. Se alimente normalmente. Não coma nada diferente, achando que vai fazer a diferença. Seu organismo poderá reagir diferentemente e você pode ficar indisposto para a prova.

Não leve ou ingira qualquer alimento com alta quantidade de açúcar (mel, doces etc.) nos momentos antes de qualquer teste. Seu fluxo sanguíneo vai ser direcionado para o sistema digestivo e diminuir o fluxo para os músculos envolvidos nos testes, prejudicando a performance.

Leve um lanche leve e água para ser consumido no local, caso necessite. Nada de comer alimentos ricos em gordura e açúcar, como mel. Isso vai desviar o sangue para o sistema digestivo e poderá deixar com fraqueza muscular.

Calcule a possibilidade do teste se prolongar e imagine a situação de você precisar se alimentar, caso a realização dos testes se prolongue.

Indivíduos com nome que iniciam com as letras finais do alfabeto normalmente sofrem mais com o tempo. Raciocine com a possibilidade de realizar o TAF com o "sol a pino".

Pense nas situações mais desfavoráveis possíveis, para que seu corpo e principalmente a sua mente não sofram com o "inesperado".

10
REFERÊNCIAS

Aberg MAI. et al. Cardiovascular fitness is associated with cognition in young adulthood. Proceedings of the National Academy of Sciences, 8: 106, 49. 2009.

Ament W, Verkerke GJ. Exercise and fatigue. Sports Medicine, 39(5):389-422, 2009.

American College of Sports Medicine. American College of Sports Medicine position stand on heat and cold illnesses during distance running. Med Sci Sports Exerc 1996;28(12).

Bevilaqua-Grossi d., et al. Avaliação eletromiográfica dos músculos estabilizadores da patela durante exercício isométrico de agachamento em indivíduos com síndrome da dor femoropatelar. Rev. Bras Med Esporte. v. 3. nº 11. 2005.

Bittel JHM, et al. Physical fitness and thermoregulatory reactions in a cold environment. J Appl Physiol 1988;65:1984.

Boldt, AR; Willson, JD; Barrios, JA; Kernozek, TW. Effects of Medially Wedged Foot Orthoses on Knee and Hip Joint Running Mechanics in Females With and Without Patellofemoral Pain Syndrome. Journal of Applied Biomechanics, 29, 68-77, 2013.

Booth, F et al. Effects of Endurance Exercise on Cytochrome c Turnover in Skeletal Muscle. Annals of the New York Academy of Science, 301: 431-39, 1977.

Borges O; Gustavsson EB. Enzyme activities in type I and II muscle fibres of human skeletal muscle in relation to age and torque development. Acta Physiol Scand. 136(1):29-36, 1989.

Boyer, BT. A comparison of the effects of three strength training programs in women. Journal of Apllied Sport Science Research. 4:88-94. 1990.

Brasil. C20-20. Manual de Campanha. Treinamento Físico Militar. Ministério da Defesa. Exército Brasileiro. (1984) Atualizado em 2002.

Carskadon MA, Dement WC. Cumulative effects of sleep restriction on daytime sleepiness. Psychophysiology 1981;18:107-13.

Carskadon MA et al. Sleep and circadian rhythms in children and adolescents: relevance for athletic performance of young people. Clin Sports Med. 2005 Apr;24(2):319-28.

Cauter, EV et al. The Impact of Sleep Deprivation on Hormones and Metabolism. Neurology & Neurosurgery. 2005; 7.

Clausen JP, et al. Physical training in the management of coronary artery disease. Circulation 1969; 40:143.

Colliander EB, Tesch PA. Effects of detraining following short- term resistance training on eccentric and concentric muscle strength. Acta Physiol Scand 1992; 144:23.

Coyle EF et al. Time course of loss of adaptations after stopping prolonged intense endurance training. J Appl Physiol 1984; 57:1857.

Dinges DF, Pack F, Williams K, et al. Cumulative sleepiness, mood disturbance, and psychomotor vigilance performance decrements during a week of sleep restricted to 4-5 hours per night. Sleep 1997;20:267-77.

Drinkwater, BL. Women and exercise: Physiological aspects. In exercise and Sports Science Rewiews. Terjung, 21-52. 1984.

Earl JE, Vetter CS. Patellofemoral pain. Phys Med Rehabil Clin N Am. 18(3):439-58, 2007.

Falk B, et al. Response to rest and exercise in the cold: effects of age and aerobic fitness. J Appl Physiol 1994;76:72.

Ferber R; Macdonald, S. Running Mechanics and Gait Analysis: Enhancing Performance and Injury Prevention. Amazon Book.

Fleck, SJ; Kraemer, WJ. Fundamentos do treinamento de força muscular. Artmed. Porto Alegre-RS. 1999.

Fox EL; Bowers, RW; Foss, ML. Bases Fisiológicas da Educação Física e Desportos. Guanabara Koogan. Rio de Janeiro – RJ. 1991.

Fortney, SM, Vroman, NB. Exercise, performance and temperature control: temperature regulation during exercise and implications for sports performance and training. Sports Med, 2(1): 8-20, 1985.

Glazer, JL. Management of heatstroke and heat exhaustion. Am Fam Physician. 71, 11 June 1, 2005

Goldfarb AH, et al. Combined antioxidant treatment effects on blood oxidative stress after eccentric exercise. Med Sci Sports Exerc 2005;37:234.

Gomez-Pinilla, F. The influences of diet and exercise on mental health through hormesis. Aging Research Reviews, 7(1): 49–62, 2008.

Graves JE, et al. Effect of reduced training frequency on muscular strength. Int J Sports Med 1988; 9:316.

Hackney KJ, et al. Resting energy expenditure and delayed-onset muscle soreness after full-body resistance training with an eccentric concentration. J Strength Cond Res 2008;22:1602.

Hillman, CH. Et al. Be smart, exercise your heart: exercise effects on brain and cognition. Nature, 9. 2008.

Hortobágyi T, et al. The effects of detraining on power athletes. Med Sci Sports Exerc 1993; 25:929.

Ispirlidis I, et al. Time-course of changes in inflammatory and performance responses following a soccer game. Clin J Sport Med 2008;18:423.

Knutson, KL, et al. The Metabolic Consequences of Sleep Deprivation. Sleep Med Rev. 2007; 11(3): 163–178.

Kraemer, WJ. Endocrine responses and adaptations to strength training. In Strengh and power in Sport. Ed PV Komi, 291-304. 1992.

Kraemer, WJ; Fleck, SJ; Dziados; et al. Changes in hormonal concentrations following different heavy resistance exercise protocols in women. Journal of Applied Physiology, 75: 594-604. 1993.

Kizaki T, et al. Relationship between cold tolerance and generation of suppressor macrophages during acute cold stress. J Appl Physiol 1997;83:1116.

Lambert EV, St Clair Gibson A, Noakes TD. Complex systems model of fatigue: integrative homoeostatic control of peripheral physiological systems during exercise in humans. British Journal of Sports Medicine, 39(1):52-62, 2005.

Laubach, LL. Comparative muscular strength of men and women: A review of the literature. Aviation, Space and environmental Medicine, 47: 534-42. 1976.

Leckie, RL, et al. BDNF mediates improvements in executive function following a 1-year exercise intervention. Frontiers in Human Neuroscience, 8,985, 2014.

Leyk, D et al. Hand-grip strength of young men, women and highly trained female athletes. European Journal of Applied Physiology. 99: 04. 1999.

McArdle WD, et al. Essentials of exercise physiology, 3rd ed. Lippincott Williams & Wilkins, 2006.

Madsen K, et al. Effects of detraining on endurance capacity and metabolic changes during prolonged endurance exercise. JAppl Physiol 1993; 75:1444.

Martin BJ, Gaddis GM. Exercise after sleep deprivation. Med Sci Sports Exerc. 1981; 13: 220-3.

Maughan, RJ. Et al. Endurance capacity of untrained males and females in isometric and dynamic muscular contractions. European Journal of Applied Physiology. 55:35-400. 1986.

Miller, AEJ et al. Gender differences in strength and muscle fiber characteristics. European Journal of Applied Physiology, 60: 254-62. 1992.

Morton, DP. Et al. Epidemiology of exercise-related transient abdominal pain at the Sydney city to Surf community run. Journal of Science and Medicine in Sport. 8, 2, 152–162, 2005.

Mougin F, Simon-Rigaud ML, Davenne D, Renaud A, Garnier A, Kantelip JP et al. Effects of sleep disturbances on subsequent physical performance. Eur J Appl Physiol Occup Physiol. 1991; 63: 77-82.

Mujika I, Padilla S. Cardiorespiratory and metabolic characteristics of detraining in humans. Med Sci Sports Exerc 2001; 33:413.

Nedeltcheva A.V, et al. Insufficient sleep undermines dietary efforts to reduce adiposity. Ann Intern Med., 5;153:435-41, 2010.

Nigg BM. The role of impact forces and foot pronation: a new paradigm. Clin J Sport Med. Jan;11(1):2-9; 2000.

Nielsen RO, Buist I, Parner ET, Nohr EA, Sørensen H, Lind M, Rasmussen S. Foot pronation is not associated with increased injury risk in novice runners wearing a neutral shoe: a 1-year prospective cohort study. Br J Sports Med. 48(6), 2013.

Pickering GP, et al. Effects of endurance training on the cardiovascular system and water compartments in elderly subjects. J Appl Physiol 1997;83:1300.

Pizza FX, et al. Exercise-induced muscle damage: effect on circulating leukocyte and lymphocyte subsets. Med Sci Sports Exerc 1995;27:363.

Prentice WE, Voight ML. Técnicas em reabilitação musculoesquelética. ed. Artmed. Porto Alegre. 2001.

Richards, CE; Magin, PJ; Callister, R. Is your prescription of distance running shoes evidence based? Br. J. Sports Med, 2008.

Ryushi, T. et al. Muscle fiber characteristics, muscle cross-sectional area and force production in strength athletes, physically active males and females. Scandinaviam Journal Of Spots science. 10:7-15. 1988.

Sá, MFS. Síndrome hiperprolactinêmica: galactorréia. IN: Tratado de ginecologia, 2ª Ed. Roca. São Paulo 1232-9. 1993.

Saltin B, et al. Response to exercise after bed rest and after training. Circulation 1968; 38 (suppl 7):178.

Saltin B, Rowell LB. Functional adaptations to physical activity and inactivity. Fed Proc 1980; 39:1506.

Saragiotto, BT; Yamato, TP; Hespanhol Junior, LC; Rainbow, MJ; Davis, IS; Lopes, AD. What are the Main Risk Factors for Running-Related Injuries? Sports Med, 2014.

Savis, JC. Professional Practice Sleep and Athletic Performance: Overview and Implications for Sport Psychology. The Sports Physichologist. TSP Volume 8, Issue 2, June, 2014.

Schantz, P et al. Muscle fiber type distribution, muscle cross-sectional area and maximal voluntary strength in humans. Acta Physiologyca Scandinavica, 117, 219-226, 1983.

Seifert, JG; Connor, DA. The influence of commercial energy shots on response time and power output in recreational cyclists. Journal of the International Society of Sports Nutrition 2014, 11:56.

Seifert, JG et al. Health Effects of Energy Drinks on Children, Adolescents, and Young Adults, Pediatrics. 2011 Mar; 127(3): 511–528.

Sharkey, BJ. Condicionamento físico e saúde. Ed Artes Médicas. Porto Alegre-RS. 1998.

Shigeta H, Shigeta M, Nakazawa A, Nakamura N, Yoshikawa T. Lifestyle, obesity, and insulin resistance. Diabetes Care 2001;24:608.

Singh M, Drake CL, Roehrs T, Hudgel DW, Roth T. The association between obesity and short sleep duration: A population-based study. Journal of Clinical Sleep Medicine 2005;1:357–363.

Smith LL. Cytokine hypothesis of overtraining: a physiological adaptation to excessive stress? Medicine and Science in Sports and Exercise, 32(2):317-331, 2000.

Spina, R et al. Differences in cardiovascular adaptations to endurance exercise training between older men and women. Journal of Applied Physiology, 75: 849-55, 1993.

Staron, RS; Karapondo DL; Kraemer, WJ; et al. Skeletal muscle adaptations during early phase of heavy-resistance training in men and women. J Appl Physiol. Mar;76(3):1247-55, 1994.

Thomeé R. et al. Patellofemoral pain syndrome in young women. I. A clinical analysis of alignment, pain parameters, common symptoms and functional activity level. Scand J Med Sci Sports. 5(4):237-44, 1995.

Toner MM, McArdle WD. Physiological adjustments of a man to cold. In: Pandolf KB, et al., eds. Human performance physiology and environmental medicine at terrestrial extremes. Carmel, IN: Cooper Publishing, 1988.

Van Dongen HP, Maislin G, Mullington JM, Dinges DF. The cumulative cost of additional wakefulness: dose-response effects on neurobehavioral functions and sleep physiology from chronic sleep restriction and total sleep deprivation. Sleep 2003;26:117-26.

Van Praag, H. Exercise and the brain: something to chew on. Trends in Neurosciences. 32, 5, 283–290, 2009.

Vioque J, Torres A, Quiles J. Time spent watching television, sleep duration and obesity in adults living in Valencia, Spain. Int J Obes Relat Metab Disord 2000;24:1683-1688.

Vorona R, Winn M, Babineau T, Eng B, Feldman H, Ware J. Overweight and Obese Patients in a Primary Care Population Report Less Sleep Than Patients With a Normal Body Mass Index. Arch Intern Med 2005;165:25–30.

Waterhouse J, Atkinson G, Edwards B, Reilly T. The role of a short postlunch nap in improving cognitive, motor, and sprint performance in participants with partial sleep deprivation. J Sports Sci 2007;25:1557-66.

Wilmore, JH. Alterations in strength, body composition and anthropometric measurements consequent to a 10-week weight training program. Med Sci Sports. 6(2):133-8, 1974.

Wright, JE. Anabolic steroids and athletics. In Exercise and Sport Science Reviews, Eds RS Hutton and DI Milller, 149-202. 1980.

Winbom, R et al. Adaptations of mitochondrial ATP production in human skeletal muscle to endurance training and detraining. Journal of Applied Physiology, 73: 2004-10. 1992.

Wilber RL, Moffatt RJ. Physiological and biochemical consequences of detraining in aerobically trained individuals. J Strength Cond Res 1994; 8:110.